CELSO DE ARAÚJO *e* AGNALDO CAMPOS

TENHA LUCR$ PAGANDO IMPOSTO

A maneira correta para se apropriar do crédito de PIS e COFINS

Dados Internacionais de Catalogação na Publicação (CIP)

(eDOC BRASIL, Belo Horizonte/MG)

Araújo, Celso de.

A663t

Tenha lucro pagando imposto: a maneira correta para se apropriar do crédito de PIS e COFINS / Celso de Araújo, Agnaldo Campos. – São José dos Campos, SP: Ofício das Palavras, 2025.

147 p. : il. ; 16 x 23 cm

ISBN 978-65-5201-043-8

1. Auditoria tributária – Brasil. 2. Impostos – Brasil. I. Campos, Agnaldo. II. Título.

CDD 657.46

Coordenação Editorial: **Mari Coelho**
Produção Editorial: **Palavras do céus**
Produção de Texto e Revisão: **Ofício das Palavras**
Capa e Diagramação **Tatiane Lima**

Palavras dos céus

"É natural ser BOM no seu DOM." - Mari Coelho/ @falamaismari
www.maricoelho.com

SUMÁRIO

INTRODUÇÃO....................9

Governança Tributária e Segurança Jurídica....................9

Documentos Indispensáveis para Comprovação do Crédito....................10

NORMAS CONTÁBEIS E AUDITORIA APLICADAS....................14

TUTORIAL PARA ANEXAR DOCUMENTOS NO PER/DCOMP....................18

1. Inovações Introduzidas....................22

2. Esclarecimentos Trazidos....................23

3. Impacto para os Contribuintes....................24

4. Preenchimento da Per/Dcomp:....................24

PASSO A PASSO PARA ELABORAR UMA MEMÓRIA DE CÁLCULO....................28

COMO SABER SE PODE OU NÃO GERAR CRÉDITO A PARTIR DE NOTA FISCAL....................34

CONSULTORIA ESPECIALIZADA....................40

1. Insumos....................41

2. Aluguel de Bens Móveis ou Imóveis....................42

3. Energia Elétrica....................42

Do Âmbito de Aplicação....................43

Dos Contribuintes....................43

Do Fato Gerador....................43

Da Base de Cálculo....................43

Da Alíquota....................45

Dos Créditos a Descontar....................45

Do Pagamento....................58

Das Disposições Gerais 58
Das Disposições Transitórias 61
Das Disposições Finais 63
4. Aquisição de Bens para Revenda 63
5. Transporte de Bens e Mercadorias 63
6. Despesas com Importação (PIS/COFINS-Importação) 64
7. Aquisição de Serviços (Vinculados à Produção) 64
8. Exportações 64
9. Equipamentos e Máquinas 64
10. Despesas com Mão de Obra Temporária e Subcontratação 65
11. Instruções Gerais 65

COMO APURAR O CRÉDITO DE PIS E COFINS PARA UTILIZAR NA PER/DCOMP 68
1. Apuração do Crédito de PIS e COFINS 69
2. Compensação via Per/Dcomp 70
3. Restituição (Se Aplicável) 73

COMO LANÇAR CORRETAMENTE OS CRÉDITOS DE PIS E COFINS NO EFD- CONTRIBUIÇÕES E NA ECF 74
1. Lançamento dos Créditos na EFD-Contribuições 75
2. Lançamento dos Créditos na ECF 77
3. Exemplos Práticos de Lançamento 78
4. Documentação de Suporte 79
Análise Técnica 80

PASSO A PASSO PARA AUDITAR E REGULARIZAR CRÉDITOS DOS ÚLTIMOS 5 ANOS 82
1. Identificação e Levantamento de Documentos 83
2. Apuração dos Créditos Retroativos 84
3. Atualização dos Créditos (Correção pela SELIC) 84
4. Regularização dos Créditos Não Lançados na EFD-Contribuições e ECF 85

5. Compensação dos Créditos via Per/Dcomp......86
6. Documentação de Suporte e Justificativa......86
7. Prevenção para Futuros Períodos......87
Análise Técnica......88

DOS EXEMPLOS PRÁTICOS E MÉTODOS DE ANÁLISES E AS EXPLICAÇÕES SOBRE DESCRITO EM CAPÍTULOS EXPLICATIVOS......92

BASE DE CÁLCULO......93
CNAE (Classificação Nacional de Atividades Econômicas)......93
Ramo (Segmento de Atuação da Empresa)......94
Regime Tributário......96
Análise técnica......97
INSUMOS......98
O que são Insumos?......98
Como Recuperar......99
Como Utilizar......101
PRESTAÇÃO DE SERVIÇO......103
Origem......103
Contratos......104
Regime Tributário......105
Análise Técnica......107
MONOFÁSICOS......107
Identificação......108
Cálculo......109
Recuperação......110
Análise Técnica......113
CUMULATIVO......113
Apuração......114
Regime Tributário......115
Indisponibilidade de Recuperação......116

Erros Comuns ao Escolher o Regime 118
Análise técnica 119
NÃO CUMULATIVO 119
Apuração 120
Regime Tributário 122
Possibilidade de Recuperação de Crédito 123
Habilitação 124
Análise Técnica 127
PARECER TÉCNICO: RECUPERAÇÃO DE CRÉDITOS NO REGIME NÃO CUMULATIVO DE PIS E COFINS 127
Governança Tributária e Conclusão 129
ANÁLISE: TENHA LUCRO PAGANDO IMPOSTO DENTRO DA LEI 130
Normas Técnicas para Apuração e Lançamento de Créditos: Evolução Normativa e Discussões Relevantes 130
Discussões Importantes e Análises da Receita Federal 133
Análise técnica 134
Discussões Relevantes pela Receita Federal e Especialistas 137
Principais Modificações da IN RFB nº 2.214/2024 138
CONCLUSÃO 142

O OBJETIVO DESTE LIVRO É MOSTRAR COM BASE LEGAL COMO VOCÊ PODE RECUPERAR CRÉDITO DE PIS E COFINS DE MANEIRA CORRETA POR MEIO DA LEI E DE DOCUMENTOS QUE COMPROVEM A ORIGEM, CÁLCULO E UTILIZAÇÃO DO CRÉDITO.

INTRODUÇÃO

No cenário atual, onde a fiscalização tributária é cada vez mais rigorosa, é indispensável que as empresas estejam preparadas para demonstrar, com clareza e precisão, a origem, o cálculo e a utilização dos créditos de PIS e COFINS. Para isso, é essencial reunir uma documentação completa e consistente, observando todas as normas contábeis, auditorias independentes, e as exigências legais estabelecidas por normas infralegais, instruções normativas e leis federais.

Este livro apresenta práticas para verificação de créditos de PIS e COFINS com o objetivo de fornecer um guia detalhado e seguro para auditar, apurar e comprovar a legitimidade dos créditos de PIS e COFINS no âmbito tributário brasileiro.

O processo de recuperação desses créditos deve ser conduzido com base em uma sólida governança tributária, aplicando métodos de controle e auditoria que garantam tanto a segurança jurídica quanto a conformidade fiscal.

GOVERNANÇA TRIBUTÁRIA E SEGURANÇA JURÍDICA

Neste capítulo, você vai aprender o conceito de governança tributária e sua importância para a recuperação de créditos de PIS e COFINS. Você vai entender como uma gestão tributária eficiente, aliada à segurança jurídica, pode proporcionar maior tranquilidade para os contribuintes, garantindo que os créditos sejam apurados e utilizados de forma correta e legal.

> **“O OBJETIVO É FORNECER UMA BASE SÓLIDA PARA COMPREENDER A NECESSIDADE DE PROCESSOS BEM ESTRUTURADOS E DO CONHECIMENTO DAS LEIS APLICÁVEIS AO PROCESSO DE RECUPERAÇÃO DE CRÉDITOS.”**

A governança tributária aplicada aqui representa uma expertise desenvolvida para assegurar uma gestão fiscal robusta, oferecendo aos contribuintes uma proteção legal eficaz contra eventuais autuações ou glosas de créditos tributários. Com a utilização de normas contábeis e procedimentos de auditoria altamente especializados, o objetivo é garantir que os créditos de PIS e COFINS sejam apurados corretamente e que os documentos que amparam esses créditos estejam adequadamente organizados e de fácil comprovação.

Este livro será guiado por princípios de normas contábeis internacionais e Nacionais, aplicadas à apuração tributária, além de observações rigorosas das seguintes bases legais e infralegais:

- Leis nº 10.637/2002 (PIS) e 10.833/2003 (COFINS), que regulamentam o regime não cumulativo;
- Decreto-Lei nº 1.598/1977, que trata da apuração sobre a receita bruta;
- Instruções Normativas da Receita Federal pertinentes, como a IN RFB nº 1.252/2012, que estabelece regras de escrituração e habilitação de créditos fiscais;
- Normas Brasileiras de Contabilidade (NBC), com especial foco na NBC-TG, que define o tratamento contábil das receitas e despesas.

DOCUMENTOS INDISPENSÁVEIS PARA COMPROVAÇÃO DO CRÉDITO

A correta recuperação de créditos de PIS e COFINS exige a apresentação de uma documentação detalhada e precisa.

"NESTE CAPÍTULO, VAMOS DESTACAR OS DOCUMENTOS ESSENCIAIS QUE COMPROVAM A ORIGEM, O CÁLCULO E A UTILIZAÇÃO DOS CRÉDITOS."

Esses documentos são necessários para apresentar à Receita Federal e devem ser organizados para evitar problemas e garantir a validade dos créditos reivindicados. É necessário reunir uma série de documentos que comprovem a origem, o cálculo e a utilização do crédito, para dar a devida base legal à apuração e recuperação dos créditos tributários. Entre os principais documentos, destacam-se:

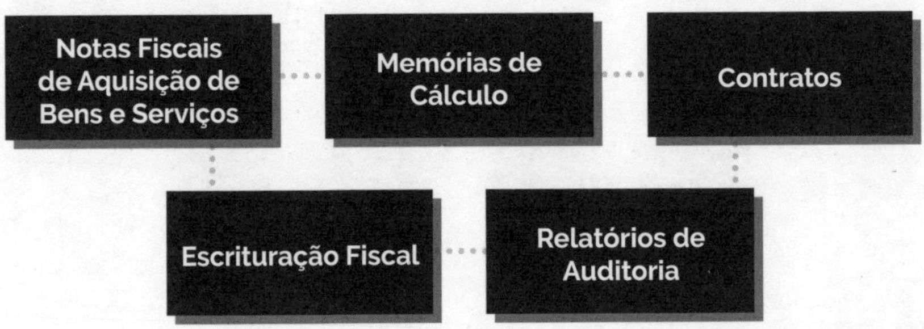

1. **Notas Fiscais de Aquisição de Bens Serviços:** As notas fiscais de compras que geraram os créditos de PIS e COFINS devem conter a devida retenção de tributos destacada, além da descrição detalhada do bem ou serviço adquirido.
2. **Memórias de Cálculo**: Demonstração detalhada de como os créditos foram apurados, considerando as alíquotas aplicáveis e as bases de cálculo previstas em lei.
3. **Contratos:** Contratos de prestação de serviços ou de aquisição de bens, especialmente em casos de serviços continuados ou de longo prazo, devem estar devidamente formalizados para corroborar a vinculação do serviço à atividade-fim da empresa.

4. **Escrituração Fiscal (EFD-Contribuições):** O registro correto dos créditos na EFD-Contribuições é fundamental para garantir a conformidade com as exigências da Receita Federal. O Bloco M deve conter todos os detalhes das operações que geraram créditos.
5. **Relatórios de Auditoria**: Relatórios de auditoria fiscal e contábil que assegurem a correta aplicação dos créditos e o cumprimento das normas de auditoria contábil.

AO SEGUIR ESTE LIVRO E IMPLEMENTAR UMA GOVERNANÇA TRIBUTÁRIA RIGOROSA, O CONTRIBUINTE PODE GARANTIR A LEGITIMIDADE DOS CRÉDITOS APURADOS E REFORÇAR SUA POSIÇÃO DIANTE DE FISCALIZAÇÕES E AUDITORIAS, CONFERINDO MAIOR SEGURANÇA JURÍDICA E FISCAL À SUA OPERAÇÃO.

NORMAS CONTÁBEIS E AUDITORIA APLICADAS

As normas contábeis e os processos de auditoria, precisam ser seguidos na recuperação de créditos de PIS e COFINS.

Essas normas impactam no registro e na apuração dos créditos e por meio de uma auditoria bem conduzida pode assegurar-se com precisão e conformidade dos cálculos. Além disso, com algumas dicas práticas você pode evitar inconsistências e garantir a transparência nos processos.

Normas como a **NBC-TG 1000** (Contabilidade para Pequenas e Médias Empresas) e as orientações do **Internacional Financial Reporting Standards** (IFRS) devem ser aplicadas, para garantir que os procedimentos adotados estejam de acordo com as melhores práticas internacionais de contabilidade.

Assim, a junção das normas contábeis, auditoria fiscal e expertise em governança tributária garante que o crédito de PIS e COFINS seja apurado de maneira segura, proporcionando ao contribuinte confiança na recuperação de créditos e em sua defesa perante o fisco.

1. **Notas Fiscais de Aquisição de Bens e Serviços:**
    - Notas fiscais de bens para revenda.
    - Notas fiscais de insumos utilizados na produção.
    - Notas fiscais de serviços tomados.
2. **Memória de cálculo:** Detalhamento do cálculo do crédito apurado, incluindo a base de cálculo, alíquotas aplicadas e a apuração do valor do crédito.
3. **Livros fiscais e contábeis:** Apresentação dos livros fiscais de apuração do PIS e COFINS, onde constam os créditos habilitados, assim como os registros contábeis:

    - Livro de apuração de PIS/COFINS **(DCTF web ou EFD Contribuições).**
    - Razão contábil com o lançamento dos créditos.

4. **Comprovantes de retenção e pagamento:** Caso haja retenção de PIS e COFINS, é necessário apresentar os comprovantes de retenção e/ou pagamento das contribuições.
5. **Documentos de importação (se aplicável):** Se os créditos são oriundos de operações de importação, é necessário anexar a Declaração de Importação (DI), comprovantes de recolhimento das contribuições sobre a importação (PIS/COFINS-Importação) e faturas correspondentes.
6. **Contrato de prestação de serviços (se aplicável):** Caso os créditos sejam sobre serviços, a apresentação do contrato que comprove a relação de prestação de serviços pode ser requerida.
7. **Recibo de compensações (se houver):** Caso o crédito tenha sido utilizado para compensação de outros tributos, anexar os recibos de compensação **(Per/Dcomp)** e o comprovante de homologação, se já realizada.
8. **Demonstrativo das alíquotas e bases de cálculo:** Um relatório que detalhe as alíquotas de PIS e COFINS aplicadas, bem como as bases de cálculo utilizadas para gerar o crédito.

ESSES DOCUMENTOS SÃO FUNDAMENTAIS PARA DEMONSTRAR A CORRETA HABILITAÇÃO E APURAÇÃO DOS CRÉDITOS DE PIS E COFINS PERANTE A FISCALIZAÇÃO OU AUDITORIA.

TUTORIAL PARA ANEXAR DOCUMENTOS NO PER/DCOMP

Aqui, você vai aprender o passo a passo detalhado de como anexar corretamente documentos no PER/DCOMP, a ferramenta da Receita Federal para compensação de créditos.

> "ESTE CAPÍTULO VISA DESMISTIFICAR O PROCESSO, EXPLICANDO CADA ETAPA DE FORMA PRÁTICA E OBJETIVA, PARA QUE O LEITOR POSSA REALIZAR O PROCEDIMENTO COM SEGURANÇA E GARANTIR A VALIDAÇÃO DOS CRÉDITOS APURADOS."

Para anexar documentos no Per/Dcomp Web (Pedido Eletrônico de Restituição, Ressarcimento ou Reembolso e Declaração de Compensação), você deve seguir o procedimento abaixo, conforme as orientações da Receita Federal:

1. Acesso ao Per/Dcomp Web:

INSTRUÇÃO NORMATIVA RFB Nº 2214, DE 02 DE SETEMBRO DE 2024 ALTERA A INSTRUÇÃO NORMATIVA RFB Nº 2.055, DE 6 DE DEZEMBRO DE 2021, QUE DISPÕE SOBRE RESTITUIÇÃO, COMPENSAÇÃO, RESSARCIMENTO E REEMBOLSO NO ÂMBITO DA SECRETARIA ESPECIAL DA RECEITA FEDERAL DO BRASIL.

O SECRETÁRIO ESPECIAL DA RECEITA FEDERAL DO BRASIL, no uso da atribuição que lhe confere o art. 350, caput, inciso III, do Regimento Interno da Secretaria Especial da Receita Federal do Brasil, aprovado pela Portaria ME nº 284, de 27 de julho de 2020, e tendo em vista o disposto nos arts. 6º a 12 e no art. 15 da Lei nº 14.789, de 29 de dezembro de 2023, resolve:

Art. 1º A Instrução Normativa RFB nº 2.055, de 6 de dezembro de 2021, passa a vigorar com as seguintes alterações:

"Art. 58-A. A pessoa jurídica que apurar e informar à RFB crédito fiscal decorrente de subvenção para implantação ou expansão de empreendimento econômico de que trata a Lei nº 14.789, de 29 de dezembro de 2023, poderá utilizá-lo mediante pedido de ressarcimento em espécie ou declaração de compensação com débitos próprios, vencidos ou vincendos, relativos a tributos administrados pela RFB.

§ 1º Poderá ser beneficiária do crédito fiscal de subvenção para investimento a pessoa jurídica devidamente habilitada pela RFB, nos termos dos arts. 3º a 5º da Lei nº 14.789, de 29 de dezembro de 2023, e da Instrução Normativa RFB nº 2.170, de 29 de dezembro de 2023.

§ 2º O crédito fiscal apurado em desacordo com o disposto na Lei nº 14.789, de 29 de dezembro de 2023, não será reconhecido pela RFB.» (NR)

"Art. 58-B. O pedido de ressarcimento e a declaração de compensação devem ser efetuados mediante a utilização:

I - do programa PER/DCOMP; ou

II - do formulário Pedido de Restituição ou de Ressarcimento ou do formulário Declaração de Compensação, constantes do Anexo I e do Anexo IV, respectivamente, caso não seja possível a utilização do programa PER/DCOMP.

Parágrafo único. O pedido de ressarcimento deverá referir-se a um único período de apuração." (NR)

"Art. 58-C. O pedido de ressarcimento e a declaração de compensação serão recepcionados após a apuração do crédito fiscal na ECF relativa ao período de apuração de reconhecimento das receitas de subvenção.

§ 1º A declaração de compensação deverá ser precedida de pedido de ressarcimento.

§ 2º Na hipótese de o crédito fiscal não ter sido objeto de

compensação, a RFB efetuará o seu ressarcimento no vigésimo quarto mês, contado da data do pedido de ressarcimento original.» (NR)

"Art. 151. ....

....

III - no ressarcimento ou na compensação de créditos do IPI, da Contribuição para o PIS/Pasep, da Cofins e relativos ao Reintegra, ressalvado o disposto no art. 152;

IV - na compensação do crédito de IRRF relativo a juros sobre capital próprio e de IRRF incidente sobre pagamentos efetuados a cooperativas a que se referem o art. 81 e o caput do art. 82, respectivamente; e

V - no ressarcimento ou na compensação de crédito fiscal decorrente de subvenção para implantação ou expansão de empreendimento econômico a que se referem os arts. 58-A a 58-C." (NR)

"Art. 152. ....

....

§ 1º No cálculo dos juros de que trata o caput, será observado como termo inicial o mês subsequente ao do trecentésimo sexagésimo primeiro dia, contado da data do protocolo do pedido de ressarcimento original.» (NR)

...." (NR)

Art. 2º Fica inserida a Seção V no Capítulo III da Instrução Normativa RFB nº 2.055, de 6 de dezembro de 2021, com o seguinte enunciado, na qual serão incluídos os arts. art. 58-A a 58-C:

"Seção V

Do ressarcimento e da compensação do crédito fiscal decorrente de subvenção para implantação ou expansão de empreendimento econômico" (NR)

Art. 3º Esta Instrução Normativa entra em vigor na data de sua publicação no Diário Oficial da União.

Esses artigos trazem algumas inovações e esclarecimentos relevantes para os contribuintes, que impactam diretamente os procedimentos de ressarcimento e compensação tributária.

Abaixo, destaco as principais inovações e os esclarecimentos proporcionados por essas mudanças:

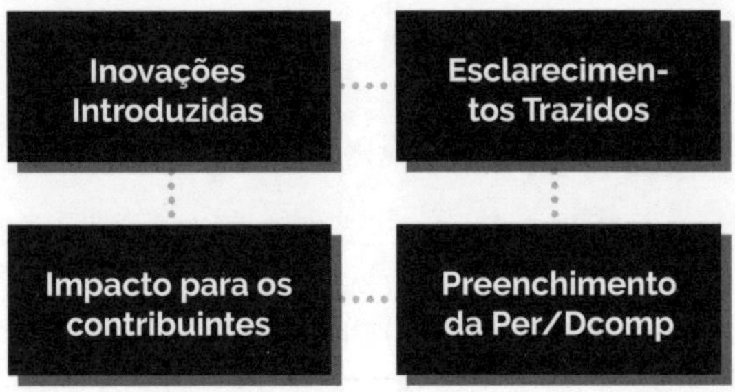

1. INOVAÇÕES INTRODUZIDAS

Uso do PER/DCOMP como via prioritária:

O artigo 58-B reafirma a obrigatoriedade do uso do programa PER/DCOMP como o principal meio para realizar pedidos de ressarcimento e declarações de compensação. Antes, os contribuintes podiam se apoiar mais amplamente em formulários físicos ou outras vias menos automatizadas, mas a mudança reforça a digitalização e a automatização dos processos. Isso melhora a eficiência e rastreabilidade, tanto para a Receita quanto para os contribuintes, que passam a ter processos mais rápidos e transparentes.

Possibilidade de uso de formulários físicos:

Como inovação, o artigo traz uma exceção para situações em que o PER/DCOMP não puder ser utilizado, permitindo o uso de formulários específicos (Anexos I e IV). Essa inovação é importante para garantir que o contribuinte não fique impossibilitado de apresentar suas demandas quando houver problemas com o sistema eletrônico.

Referência ao único período de apuração:

A exigência de que o pedido de ressarcimento deve se referir a um único período de apuração (Art. 58-B) é uma inovação que visa evitar a acumulação de diferentes períodos em um mesmo pedido, o que poderia causar confusão no cálculo e auditoria dos valores. Isso traz mais clareza e controle ao processo de ressarcimento.

Prazo para ressarcimento pela Receita Federal:

O artigo 58-C, § 2º, introduz a previsão de que, se o crédito fiscal não for utilizado em compensação, a Receita Federal efetuará o ressarcimento no prazo de 24 meses após o pedido. Essa inovação é significativa porque cria uma expectativa clara quanto ao prazo máximo para que o contribuinte receba o ressarcimento, caso não opte ou não consiga utilizá-lo para compensar outros tributos devidos. Isso traz uma segurança jurídica maior para os contribuintes quanto ao recebimento desses valores.

2. ESCLARECIMENTOS TRAZIDOS

Precedência do pedido de ressarcimento sobre a declaração de compensação:

O artigo 58-C, § 1º, esclarece que a declaração de compensação deve ser feita após o pedido de ressarcimento. Isso esclarece dúvidas que poderiam surgir em relação à ordem dos processos e ao momento adequado para realizar cada um deles. A Receita está estabelecendo claramente que o contribuinte deve primeiro solicitar o ressarcimento e só depois pode optar pela compensação de créditos.

Conexão entre a ECF e o pedido de ressarcimento:

O artigo 58-C esclarece que o pedido de ressarcimento e a declaração de compensação somente serão aceitos após a apuração do crédito fiscal na ECF (Escrituração Contábil Fiscal). Esse esclarecimento é crucial porque define o momento em que o crédito é considerado "maduro" para ser usado, garantindo que ele já tenha sido devidamente reconhecido pela Receita no sistema oficial de escrituração contábil. Isso impede que pedidos sejam feitos com base em créditos não confirmados, trazendo mais rigor e controle ao processo.

3. IMPACTO PARA OS CONTRIBUINTES

Essas mudanças têm impacto direto no controle e previsibilidade dos processos de compensação e ressarcimento. Ao mesmo tempo que a Receita Federal exige maior conformidade com o uso do PER/DCOMP e a apuração dos créditos na ECF, ela também traz inovações que tornam os processos mais transparentes e que garantem ao contribuinte prazos e procedimentos mais bem definidos.

Quando o contribuinte sabe quando e como proceder, ele tem garantias mais claras de quando poderá usufruir dos créditos, seja por compensação ou por ressarcimento.

- Acesse o portal e-CAC (Centro Virtual de Atendimento ao Contribuinte) da Receita Federal: https://www.gov.br/receitafederal/pt-br.
- Faça o login com certificado digital ou código de acesso (CPF ou CNPJ e senha).
- No menu do e-CAC, vá para a opção "Restituição e Compensação" e depois selecione **"Per/Dcomp Web".**

4. PREENCHIMENTO DA PER/DCOMP:

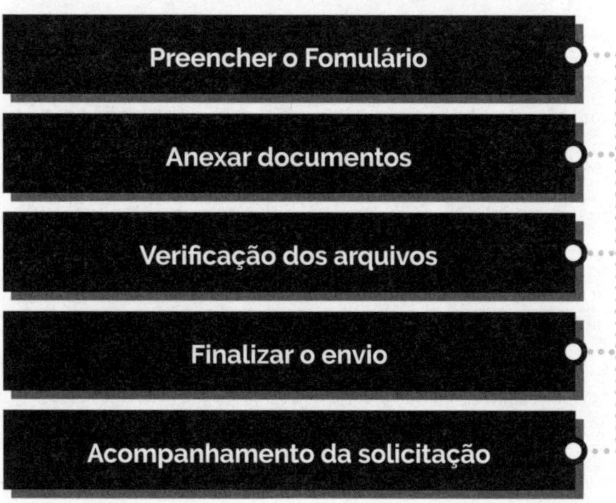

1. Formulário

Preencha o formulário eletrônico com as informações da sua solicitação de compensação, ressarcimento ou restituição, conforme o tipo de crédito.

Após finalizar o preenchimento do **Per/Dcomp Web,** você será direcionado à etapa de anexação de documentos.

2. Anexar documentos

Durante o preenchimento do formulário, na etapa de envio, o sistema solicitará os documentos comprobatórios. Para anexar os documentos, siga as etapas abaixo:

- **Escolher o documento:** Selecione o tipo de documento que será anexado (por exemplo: notas fiscais, memoriais de cálculo, comprovantes de pagamento, contratos etc.).
- **Carregar o arquivo:** Clique no botão de anexar arquivos. Escolha os arquivos no seu computador. O sistema aceita documentos em PDF e JPEG.
- **Tamanho dos arquivos:** Verifique o limite de tamanho dos arquivos permitidos. Em geral, o tamanho máximo é de 15 MB por arquivo. Se o arquivo for muito grande, você pode dividir o documento em partes.

3. Verificação dos arquivos

Antes de finalizar o envio, revise os documentos anexados para garantir que estão corretos e legíveis. O sistema permite visualizar os arquivos anexados antes de concluir a transmissão.

4. Finalizar o envio

Após anexar todos os documentos necessários, finalize o envio do **Per/Dcomp.**

Ao final do processo, o sistema emitirá um recibo de entrega. Guarde esse comprovante, pois ele servirá para acompanhar o andamento da solicitação.

5. Acompanhamento da solicitação

Para acompanhar o andamento do pedido e verificar se os documentos foram aceitos, **acesse novamente o e-CAC**, vá à área de Consulta de Processos ou Consulta de Per/Dcomp, onde você poderá ver o status da solicitação.

Esses são os passos principais para anexar documentos no Per/Dcomp Web.

PASSO A PASSO PARA ELABORAR UMA MEMÓRIA DE CÁLCULO

Elaborar uma memória de cálculo clara e precisa é fundamental para a recuperação de créditos de PIS e COFINS. Para isso é necessário entender cada etapa da construção de uma memória de cálculo, desde a identificação e cabeçalho até a assinatura e responsabilidade do documento.

> **"O OBJETIVO É FORNECER UM GUIA QUE AJUDE O LEITOR A ESTRUTURAR TODAS AS INFORMAÇÕES NECESSÁRIAS PARA A COMPROVAÇÃO DOS CRÉDITOS, FACILITANDO A COMPREENSÃO DA RECEITA FEDERAL."**

A memória de cálculo é um documento que detalha os cálculos realizados em processos fiscais, tributários, financeiros ou jurídicos, explicando claramente como se chegou aos valores apurados. No contexto de PIS e COFINS, ou qualquer outro tributo, é essencial para comprovar a correção dos valores e facilitar a auditoria ou fiscalização.

Aqui está o passo a passo para elaborar uma memória de cálculo:

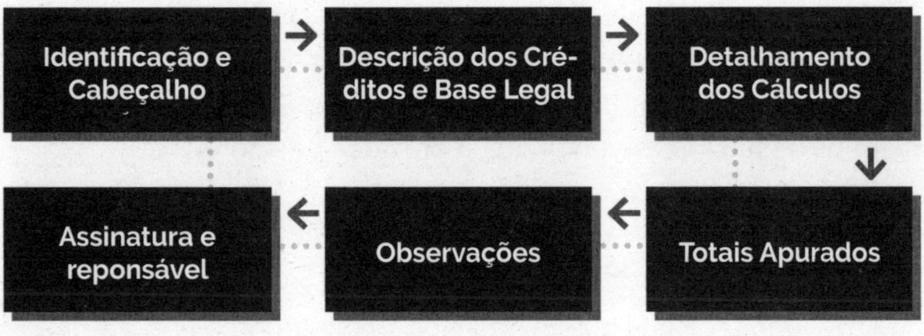

1. Identificação e Cabeçalho:

- Inicie o documento com a identificação da empresa, do contribuinte ou do responsável pela memória de cálculo.
- Inclua o título "Memória de Cálculo".
- Adicione informações como data de elaboração, período de apuração (ex.: mês ou ano), tributo apurado (ex.: PIS, COFINS) e número de processo, se aplicável.

Exemplo de Cabeçalho:

Empresa XYZ Ltda.

CNPJ: 00.000.000/0001-00

Memória de Cálculo

Período de Apuração: maio de 2024

Tributos: PIS e COFINS – Regime Não Cumulativo

2. Descrição dos Créditos e Base Legal

Especifique os tipos de créditos apurados (por exemplo, insumos, energia elétrica, aluguel de bens móveis e imóveis etc.) e suas respectivas bases legais.

Descreva a legislação que embasa a apropriação dos créditos, como **o art. 3º da Lei 10.637/2002 (PIS) e art. 3º da Lei 10.833/2003 (COFINS)**.

Exemplo de Descrição:

Conforme o **art. 3º da Lei 10.637/2002 (PIS) e o art. 3º da Lei 10.833/2003 (COFINS)**, os créditos sobre insumos podem ser apropriados sobre as aquisições de bens e serviços utilizados na produção de bens destinados à venda ou na prestação de serviços.

3. Detalhamento dos Cálculos

Liste todos os itens que geraram os créditos, como as notas fiscais, discriminando o fornecedor, a descrição do bem ou serviço, o valor da base de cálculo e o valor do crédito apropriado.

Indique as alíquotas aplicáveis **(ex.: 1,65% para PIS e 7,6% para COFINS no regime não cumulativo).**

Exemplo de Detalhamento de Cálculo:

Item 1: Compra de Insumos para Produção

Nota Fiscal: 123456

Fornecedor: ABC Insumos Ltda.

Valor Total: R$ 50.000,00

Base de Cálculo para PIS/COFINS: R$ 50.000,00

Alíquota PIS: 1,65% = R$ 825,00

Alíquota COFINS: 7,6% = R$ 3.800,00

Item 2: Energia Elétrica

Nota Fiscal: 789123

Fornecedor: Companhia de Energia XYZ

Valor Total: R$ 10.000,00

Base de Cálculo para PIS/COFINS: R$ 10.000,00

Alíquota PIS: 1,65% = R$ 165,00

Alíquota COFINS: 7,6% = R$ 760,00

4. Totais Apurados

Após detalhar cada item, calcule o total dos créditos de **PIS e COFINS.** Faça isso somando o valor de cada item.

Exemplo de Totais Apurados:

Total de Créditos de PIS:

R$ 825,00 (Insumos) + R$ 165,00 (Energia Elétrica) = R$ 990,00

Total de Créditos de COFINS:

R$ 3.800,00 (Insumos) + R$ 760,00 (Energia Elétrica) = R$ 4.560,00

5. Observações

Caso necessário, inclua explicações adicionais, como ajuste de créditos, compensações anteriores, eventuais glosas etc.

Exemplo de Observações:

Observação: O crédito referente à compra de insumos foi integralmente utilizado para compensação no mês de junho de 2024. Não houve glosas de crédito.

6. Assinatura e Responsável

Finalize a memória de cálculo com o nome e assinatura do responsável pela elaboração, incluindo cargo e data.

DICAS IMPORTANTES:

- **Clareza e Organização**: A memória de cálculo deve ser organizada de forma lógica, clara e detalhada para facilitar a compreensão de terceiros, como auditores e fiscais.
- **Documentos de Suporte:** Sempre mantenha à disposição as notas fiscais, contratos e outros documentos que fundamentem os cálculos.
- **Atualização dos Dados**: Certifique-se de que os valores e alíquotas estejam atualizados de acordo com a legislação vigente.
- **Compensações e Glosas**: Se houver compensações ou glosas (desconsiderações) de créditos, isso deve ser mencionado de forma clara, explicando os motivos.

Essa memória de cálculo, junto com os documentos anexos, será essencial para justificar a correta apropriação dos créditos.

COMO SABER SE PODE OU NÃO GERAR CRÉDITO A PARTIR DE NOTA FISCAL

A análise criteriosa de notas fiscais é fundamental para verificar a possibilidade de geração de crédito de PIS e COFINS.

> **NESTE CAPÍTULO, DISCUTIREMOS OS FATORES QUE INFLUENCIAM ESSA ANÁLISE, COMO O REGIME DE APURAÇÃO, A NATUREZA DAS AQUISIÇÕES E AS ALÍQUOTAS APLICÁVEIS.**

Para saber se você pode ou não gerar crédito a partir de uma nota fiscal, especialmente no contexto de PIS e COFINS no regime não cumulativo, é importante seguir algumas etapas de verificação com base na legislação vigente.

Para ajudar na interpretação e análise dos documentos fiscais, vou te mostrar um exemplo prático e assim garantir que você consiga identificar corretamente as notas que permitem a geração de créditos.

Veja como analisar se uma nota fiscal gera crédito:

1. Verifique o Regime de Apuração

O **regime não cumulativo** permite a apropriação de créditos de PIS e COFINS sobre determinadas despesas e aquisições. Portanto, o primeiro passo é verificar se sua empresa apura o PIS e COFINS pelo regime não cumulativo.

No **regime cumulativo**, a apropriação de créditos não é permitida, ou é muito restrita.

2. Analise a Natureza da Aquisição

Nem todas as despesas ou aquisições geram direito ao crédito de PIS e COFINS. A legislação prevê as situações que permitem o aproveitamento de crédito:

Aquisições que geram crédito no regime não cumulativo:

- **Insumos:** Materiais e serviços diretamente utilizados na produção de bens ou na prestação de serviços.
- **Aluguel de bens móveis ou imóveis:** Aluguel pago pela empresa para o uso de bens necessários à atividade operacional.
- **Energia Elétrica:** Aquisições de energia elétrica utilizada na atividade da empresa.
- **Aquisição de bens para revenda:** Se a empresa atua no comércio de mercadorias, a compra de bens para revenda gera crédito.
- **Despesas com transporte:** Fretamento de transporte utilizado para aquisição de insumos ou bens destinados à revenda.
- **Exportações:** As receitas de exportação são isentas de PIS e COFINS, mas você pode gerar crédito sobre as despesas com insumos relacionados à exportação.

Aquisições que NÃO geram crédito:

- **Despesas administrativas** que não estão diretamente ligadas à produção ou à prestação de serviços (ex.: despesas com marketing, materiais de escritório, telefonia, entre outras).
- **Despesas pessoais:** Não vinculadas à operação da empresa.
- **Bens e serviços sujeitos ao regime cumulativo:** Algumas

operações específicas, como receitas financeiras, estão no regime cumulativo e não geram créditos no não cumulativo.

3. Alíquotas Aplicáveis

As notas fiscais que geram crédito devem destacar o valor de PIS e COFINS ou, no caso de aquisições de insumos ou bens para revenda, essas despesas estarão incluídas nos custos que permitem o aproveitamento do crédito.

As alíquotas usuais para o regime não cumulativo são:

PIS: 1,65%

COFINS: 7,6%

Verifique se a nota fiscal apresenta corretamente a base de cálculo e a alíquota aplicável.

4. Requisitos para Insumos

Para definir o que pode ser considerado "insumo", use o critério de essencialidade ou relevância, conforme entendimento do STJ.

Um insumo é considerado essencial se:

- For indispensável ao processo produtivo ou à prestação de serviços.
- Sem ele, a atividade principal da empresa seria prejudicada ou interrompida.

5. Confira a Legislação

Verifique se a operação está contemplada nas leis que regulamentam o direito ao crédito:

Lei nº 10.637/2002 (PIS) e Lei nº 10.833/2003 (COFINS) trazem as hipóteses de apropriação de créditos no regime não cumulativo.

6. Examine a Nota Fiscal

Ao analisar a nota fiscal, verifique os seguintes pontos:

- **Descrição do Produto/Serviço:** O bem ou serviço adquirido está relacionado à atividade principal da empresa?
- **Destinação:** O bem ou serviço será utilizado como insumo ou como parte do processo produtivo?
- **Retenção de PIS/COFINS:** A nota fiscal tem destacado o valor de PIS e COFINS, ou foi emitida por fornecedor sujeito à retenção dessas contribuições?

Exemplo Prático

- **Nota fiscal de compra de matéria-prima:** Se você comprou matéria-prima para usar na fabricação de produtos, poderá gerar crédito de PIS e COFINS sobre essa aquisição.
- **Nota fiscal de aluguel de escritório:** Essa despesa é relacionada à administração, não diretamente à produção, e geralmente não gera direito a crédito de PIS e COFINS.
- **Nota fiscal de energia elétrica:** Se a energia elétrica é utilizada na produção de bens ou serviços, você pode gerar crédito de PIS e COFINS sobre essa despesa.

7. Documentação e Registro

Para garantir que o crédito seja corretamente apurado, registre a nota fiscal no EFD-Contribuições (Escrituração Fiscal Digital) e no Livro de Apuração do PIS/COFINS.

Mantenha os documentos fiscais, como as notas fiscais e contratos, que comprovem a relação da aquisição com as atividades da empresa.

CONSULTORIA ESPECIALIZADA

O auxílio de uma consultoria especializada pode ser determinante para a correta recuperação de créditos de PIS e COFINS.

> **"NESTE CAPÍTULO, VOCÊ VAI CONHECER OS DIFERENTES SERVIÇOS QUE UMA CONSULTORIA PODE OFERECER, INCLUINDO A ANÁLISE DE INSUMOS, ALUGUEL DE BENS, ENERGIA ELÉTRICA E OUTROS ITENS QUE GERAM CRÉDITOS."**

Ter o serviço de consultoria pode agregar valor ao processo, proporcionando segurança e agilidade na apuração e compensação dos créditos.

Dada a complexidade das regras fiscais, é sempre recomendável contar com a ajuda de um contador ou consultor tributário para confirmar a possibilidade de crédito, especialmente em casos mais complexos ou que envolvam interpretação de normas.

Esses passos devem ajudar a identificar se uma nota fiscal gera crédito de PIS e COFINS no regime não cumulativo e como proceder com a apuração correta.

Aqui está uma versão mais detalhada, com as bases legais ou instruções normativas que amparam cada item que pode gerar crédito de PIS e COFINS no regime não cumulativo:

1. INSUMOS

Descrição: Materiais e serviços diretamente utilizados na produção de bens ou na prestação de serviços.

Base Legal: Lei nº 10.637/2002, art. 3º, inciso II (PIS) e Lei nº 10.833/2003, art. 3º, inciso II (COFINS).

Jurisprudência: O conceito de insumo deve seguir o entendimento do Superior Tribunal de Justiça (STJ) no REsp nº 1.221.170, que definiu os critérios de essencialidade e relevância para o crédito de insumos.

2. ALUGUEL DE BENS MÓVEIS OU IMÓVEIS

Descrição: Pagamentos de aluguel de bens utilizados nas atividades operacionais da empresa, como máquinas, equipamentos ou imóveis para o funcionamento da empresa.

Base Legal: Lei nº 10.637/2002, art. 3º, inciso IV (PIS) e Lei nº 10.833/2003, art. 3º, inciso IV (COFINS).

Observação: O bem alugado deve ser utilizado diretamente na atividade econômica da empresa, ou seja, no processo produtivo ou na prestação de serviços.

3. ENERGIA ELÉTRICA

Descrição: Aquisições de energia elétrica consumida na atividade da empresa, especialmente na produção de bens ou prestação de serviços.

Base Legal: Lei nº 10.637/2002, art. 3º, inciso IX (PIS) e Lei nº 10.833/2003, art. 3º, inciso IX (COFINS).

Instrução Normativa: A Instrução Normativa 404 SRF, de 12-3-2004, publicada na página 28 do DO-U, Seção 1, de 15-3-2004, dentre outras normas, dispõe sobre a incidência não cumulativa da contribuição da COFINS e do PIS/PASEP de que tratam, respectivamente, as Leis 10.833, de 29-12-2003 (Informativo 52/2003 e portal COAD) e 10.637, de 30-12-2002 (Informativo 53/2002 e portal COAD).– Esta instrução normatiza a apropriação dos créditos de PIS e COFINS sobre energia elétrica.

Do Âmbito de Aplicação

Art. 1º A apuração da Contribuição para o Financiamento da Seguridade Social (Cofins), de acordo com o regime de incidência não-cumulativa previsto nos arts. 1º a 16 da Lei nº 10.833, de 2003, obedecerá ao disposto na presente Instrução Normativa.

Dos Contribuintes

Art. 2º São contribuintes da Cofins não-cumulativa as pessoas jurídicas de direito privado e as que lhes são equiparadas pela legislação do imposto de renda, tributadas pelo referido imposto com base no lucro real.

Do Fato Gerador

Art. 3º O fato gerador da mencionada contribuição é o auferimento de receitas pelas pessoas jurídicas de que trata o art. 2º.

Da Base de Cálculo

Art. 4º A base de cálculo é o faturamento mensal, que compreende a receita bruta da venda de bens e serviços nas operações em conta própria e alheia e todas as demais receitas auferidas pela pessoa jurídica.

§ 1º Não integram a base de cálculo de que trata este artigo, as receitas:

I - isentas ou não alcançadas pela incidência da contribuição ou decorrentes de vendas de produtos sujeitos à alíquota zero;

II - não-operacionais, decorrentes da venda de ativo permanente;

III - auferidas pela pessoa jurídica substituída, na revenda de mercadorias em relação às quais a contribuição seja exigida da empresa vendedora, na condição de substituta tributária;

IV - de venda dos produtos de que trata a Lei nº 9.990, de 21 de julho de 2000, a Lei nº 10.147, de 21 de dezembro de 2000, a Lei nº 10.485, de 3 de julho de 2002, o art. 2º da Lei nº 10.560, de 13 de novembro de 2002, e arts. 49 e 50 da Lei nº 10.833, de 2003, ou quaisquer outras submetidas à incidência monofásica da contribuição;

V - referentes a vendas canceladas e a descontos incondicionais concedidos; e

VI - referentes a reversões de provisões e recuperações de créditos baixados como perda, que não representem ingresso de novas receitas, resultado positivo da avaliação de investimentos pelo valor do patrimônio líquido e lucros e dividendos derivados de investimentos avaliados pelo custo de aquisição, que tenham sido computados como receita.

§ 2º O disposto nos incisos I e II do § 1º aplica-se ao PIS/Pasep não-cumulativo de que trata a Lei nº 10.637, de 30 de dezembro de 2002, a partir de 1º de fevereiro de 2004.

Art. 5º Na hipótese de contratos, com prazo de execução superior a um ano, de construção por empreitada ou de fornecimento, a preço predeterminado, de bens ou serviços a serem produzidos, a pessoa jurídica contratada ou subcontratada, deve computar em cada período de apuração parte do preço total da empreitada, ou dos bens ou serviços a serem fornecidos, determinada mediante aplicação, sobre esse preço total, da percentagem do contrato ou da produção executada no período de apuração.

§ 1º A percentagem do contrato ou da produção do período de apuração pode ser determinada:

I - com base na relação entre os custos incorridos no período de apuração e o custo total estimado da execução da empreitada ou da produção; ou

II - com base em laudo técnico de profissional habilitado, segundo a natureza da empreitada ou dos bens ou serviços, que certifique a percentagem executada em função do progresso físico da empreitada ou produção.

§ 2º O disposto neste artigo aplica-se ao PIS/Pasep não-cumulativo de que trata a Lei nº 10.637, de 2002, a partir de 1º de fevereiro de 2004.

Art. 6º A contribuição não incide sobre as receitas decorrentes das operações de:

I - exportação de mercadorias para o exterior;

II - prestação de serviços para pessoa física ou jurídica domiciliada no exterior com pagamento em moeda conversível;

III - vendas a empresa comercial exportadora, com o fim específico de exportação; e

IV - vendas de materiais e equipamentos, bem assim da prestação de serviços decorrentes dessas operações, efetuadas diretamente a Itaipu Binacional.

Da Alíquota

Art. 7º Sobre a base de cálculo apurada conforme art. 4º, aplica-se a alíquota de 7,6% (sete inteiros e seis décimos por cento).

Dos Créditos a Descontar

Art. 8º Do valor apurado na forma do art. 7º, a pessoa jurídica pode descontar créditos, determinados mediante a aplicação da mesma alíquota, sobre os valores:

I - das aquisições efetuadas no mês:

a) de bens para revenda, exceto em relação às mercadorias e aos produtos referidos nos incisos III e IV do § 1º do art. 4º;

b) de bens e serviços, inclusive combustíveis e lubrificantes, utilizados como insumos: b.1) na produção ou fabricação de bens ou produtos destinados à venda; ou b.2) na prestação de serviços;

II - das despesas e custos incorridos no mês, relativos:

a) a energia elétrica consumida nos estabelecimentos da pessoa jurídica;

b) a aluguéis de prédios, máquinas e equipamentos, pagos à pessoa jurídica, utilizados nas atividades da empresa;

c) a despesas financeiras decorrentes de empréstimos e financiamentos tomados de pessoa jurídica, exceto quando esta for optante pelo Sistema Integrado de Pagamento de Impostos e Contribuições das Microempresas e Empresas de Pequeno Porte (Simples);

d) a contraprestação de operações de arrendamento mercantil pagas a pessoa jurídica, exceto quando esta for optante pelo Simples; e

e) a armazenagem de mercadoria e frete na operação de venda, quando o ônus for suportado pelo vendedor;

III - dos encargos de depreciação e amortização, incorridos no mês, relativos:

a) a máquinas, equipamentos e outros bens incorporados ao ativo imobilizado adquiridos no País para utilização na produção de bens destinados à venda, ou na prestação de serviços;

b) a edificações e benfeitorias em imóveis próprios ou de terceiros, utilizados na atividade da empresa; e

IV - relativos aos bens recebidos em devolução, no mês, cuja receita de venda tenha integrado o faturamento do mês ou de mês anterior, e tenha sido tributada na forma desta Instrução Normativa.

§ 1º Não gera direito ao crédito o valor da mão-de-obra pago a pessoa física.

§ 2º O crédito não aproveitado em determinado mês pode ser utilizado nos meses subseqüentes.

§ 3º Para efeitos do disposto no inciso I, deve ser observado que:

I - o Imposto sobre Produtos Industrializados (IPI) incidente na aquisição, quando recuperável, não integra o valor do custo dos bens; e

II - o Imposto sobre Operações Relativas à Circulação de Mercadorias e sobre Prestação de Serviços de Transporte Interestadual e Intermunicipal e de Comunicação (ICMS) integra o valor do custo de aquisição de bens e serviços.

§ 4º Para os efeitos da alínea «b» do inciso I do caput, entende-se como insumos:

I - utilizados na fabricação ou produção de bens destinados à venda:

a) a matéria-prima, o produto intermediário, o material de embalagem e quaisquer outros bens que sofram alterações, tais como o desgaste, o dano ou a perda de propriedades físicas ou químicas, em função da ação diretamente exercida sobre o produto em fabricação, desde que não estejam incluídas no ativo imobilizado;

b) os serviços prestados por pessoa jurídica domiciliada no País, aplicados ou consumidos na produção ou fabricação do produto;

II - utilizados na prestação de serviços:

a) os bens aplicados ou consumidos na prestação de serviços, desde que não estejam incluídos no ativo imobilizado; e

b) os serviços prestados por pessoa jurídica domiciliada no País, aplicados ou consumidos na prestação do serviço.

§ 5º A pessoa jurídica que, tributada com base no lucro presumido ou optante pelo Simples, passar a ser tributada com base no lucro real, na hipótese de sujeitar-se à incidência não-cumulativa da Cofins, tem direito ao aproveitamento do crédito presumido na forma prevista no art. 26, calculado sobre o estoque de abertura, devidamente comprovado, na data da mudança do regime de tributação adotado para fins do imposto de renda.

§ 6º Os bens recebidos em devolução, tributados antes do início da aplicação desta Instrução Normativa, ou da mudança do regime de tributação de que trata o § 5º, devem ser considerados como integrantes do estoque de abertura referido no art. 26, devendo o crédito ser utilizado na forma do seu § 2º, a partir da data da devolução.

§ 7º O aproveitamento de crédito na forma dos §§ 2º e 5º deve ser efetuado sem atualização monetária ou incidência de juros sobre os respectivos valores.

§ 8º O valor dos créditos apurados de acordo com este artigo não constitui receita bruta da pessoa jurídica, servindo somente para dedução do valor devido da contribuição.

§ 9º Aplica-se ao PIS/Pasep não-cumulativo de que trata a Lei nº 10.637, de 2002, o disposto:

I - na alínea "b" do inciso I do caput, e nos §§ 4º, 5º e 6º, a partir de 1º de janeiro de 2003; e

II - na alínea "e" do inciso II e no inciso III do caput, a partir de 1º de fevereiro de 2004.

Art. 9º O direito ao crédito de que trata o art. 8º aplica-se, exclusivamente, em relação:

I - aos bens e serviços adquiridos de pessoa jurídica domiciliada no País;

II - aos custos e despesas incorridos, pagos ou creditados à pessoa jurídica domiciliada no País;

III - aos encargos de depreciação e amortização de bens adquiridos de pessoa jurídica domiciliada no País; e

IV - aos bens e serviços adquiridos, aos custos, despesas e encargos incorridos a partir de 1º de fevereiro de 2004.

Parágrafo único. Para efeito do disposto neste artigo, a pessoa jurídica deve contabilizar os bens adquiridos e os custos e despesas incorridos, pagos ou creditados a pessoas jurídicas domiciliadas no País, separadamente daqueles efetuados a pessoas jurídicas domiciliadas no exterior.

Art. 10. Sem prejuízo do aproveitamento dos créditos apurados na forma do art. 8º, as pessoas jurídicas que produzam mercadorias de origem animal ou vegetal classificadas nos capítulos 2 a 4, 8 a 12 e 23, e nos códigos 01.03, 01.05, 0504.00, 0701.90.00, 0702.00.00, 0706.10.00, 07.08, 0709.90, 07.10, 07.12 a 07.14, 15.07 a 15.14, 1515.2, 1516.20.00, 15.17, 1701.11.00, 1701.99.00, 1702.90.00, 18.03, 1804.00.00, 1805.00.00, 20.09, 2101.11.10 e 2209.00.00, todos da Nomenclatura Comum do Mercosul (NCM), destinados à alimentação humana ou animal, podem deduzir da Cofins não-cumulativa, devida em cada período de apuração, crédito presumido, calculado sobre o valor dos bens e serviços referidos na alínea "b" do inciso I do caput do art. 8º, adquiridos, no mesmo período, de pessoas físicas residentes no País.

§ 1º Na apuração do crédito presumido de que trata este artigo aplica-se, sobre o valor das mencionadas aquisições, a alíquota de 6,08%.

§ 2º O valor dos créditos apurados de acordo com este artigo não constitui receita bruta da pessoa jurídica, servindo somente para dedução do valor devido da contribuição.

Art. 11. Sem prejuízo do aproveitamento dos créditos apurados na forma dos arts. 8º a 10, as pessoas jurídicas que adquiram diretamente de pessoas físicas residentes no País produtos in natura de origem vegetal, classificados nas posições 10.01 a 10.08 e 12.01, todos da NCM, que exerçam cumulativamente as atividades de secar, limpar, padronizar, armazenar e comercializar tais produtos, podem deduzir da Cofins não-cumulativa devida, relativamente às vendas realizadas às pessoas jurídicas mencionadas no art. 10, em cada período de apuração, crédito presumido calculado à alíquota 6,08%, equivalente a 80% da alíquota prevista no art. 7º, sobre o valor de aquisição dos referidos produtos in natura.

§ 1º O valor dos créditos apurados de acordo com este artigo não constitui receita bruta da pessoa jurídica, servindo somente para dedução do valor devido da contribuição.

§ 2º O disposto neste artigo aplica-se ao PIS/Pasep não-cumulativo de que trata a Lei nº 10.637, de 2002, a partir de 1º de fevereiro de 2004.

Art. 12. Relativamente aos créditos presumidos previstos nos arts. 10 e 11:

I - o valor das aquisições que servir de base para cálculo do crédito presumido não pode ser superior ao que vier a ser fixado, por espécie de produto, pela Secretaria da Receita Federal (SRF); e

II - enquanto a SRF não fixar os valores máximos das aquisições, na forma do inciso I, o valor a ser considerado será o constante do documento fiscal de aquisição.

Parágrafo único. Para efeito do disposto neste artigo, a pessoa jurídica deve contabilizar os bens adquiridos de pessoas físicas residentes no País, separadamente daqueles adquiridos de pessoas físicas residentes no exterior.

Art. 13. A pessoa jurídica ou equiparadas, nos termos do inciso III do art. 150 do Decreto nº 3.000, de 26 de março de 1999, que adquirir imóvel para venda ou promover empreendimento de desmembramento ou loteamento de terrenos, incorporação imobiliária ou construção de prédio destinado a venda, pode utilizar o crédito referente aos custos vinculados à unidade construída ou em construção, a ser descontado na forma do art. 8º, somente a partir da efetivação da venda.

> § 10 Na hipótese de venda de unidade imobiliária não concluída, a pessoa jurídica pode utilizar crédito presumido, em relação ao custo orçado, de que trata a legislação do imposto de renda, observado, no que couber, o disposto na Instrução Normativa SRF nº 84/79, de 20 de dezembro de 1979, e alterações posteriores.
>
> § 2º Para efeito do disposto no § 1º:

I - considera-se "custo orçado", aquele baseado nos custos usuais para cada tipo de empreendimento imobiliário, a preços correntes de mercado na data em que a pessoa jurídica optar por ele, e corresponde à diferença entre o custo total previsto e os custos pagos, incorridos ou contratados até a mencionada data;

II - considera-se "unidade imobiliária":

> **a)** o terreno adquirido para venda, com ou sem construção;
>
> **b)** cada lote oriundo de desmembramento de terreno;
>
> **c)** cada terreno decorrente de loteamento;
>
> **d)** cada unidade distinta resultante de incorporação imobiliária; e

e) o prédio construído para venda como unidade isolada ou autônoma.

§ 3º É facultado ao contribuinte apurar e reconhecer a receita e o custo de venda e os créditos, por empreendimento, mediante o registro englobado dos mesmos, observado o disposto na legislação do imposto de renda.

§ 4º Para efeitos do § 3º, entende-se por empreendimento o conjunto de unidades, objeto de um mesmo projeto, cuja execução física seja realizada como um todo, a um só tempo.

§ 5º A opção para utilização de crédito calculado em relação ao custo orçado deve ser feita para cada unidade ou empreendimento, separadamente, no período de apuração em que ocorrer a venda de unidade isolada ou da primeira unidade de empreendimento que compreenda duas ou mais unidades distintas e, uma vez adotada, deve ser considerada para todas as unidades desse empreendimento.

§ 6º O crédito presumido deve ser calculado mediante a aplicação da alíquota de que trata o art. 7º sobre o valor do custo orçado para conclusão da obra ou melhoramento, ajustado pela exclusão dos valores a serem pagos a pessoa física, encargos trabalhistas, sociais e previdenciários, e dos bens e serviços, acrescidos dos tributos incidentes na importação, adquiridos de pessoa física ou jurídica residente ou domiciliada no exterior.

§ 7º O crédito a ser descontado na forma do caput e o crédito presumido apurado na forma do § 6º devem ser utilizados na proporção da receita relativa à venda da unidade imobiliária, à medida do recebimento.

§ 8º Ocorrendo modificação do valor do custo orçado, antes do término da obra ou melhoramento, em decorrência de alterações no projeto ou nas especificações do empreendimento, o novo valor orçado deve ser considerado para efeito do disposto nos §§ 6º e 7º.

§ 9º Para efeito da modificação do custo orçado de que trata o

§ 8º, admite-se apenas as alterações que se relacionem com a quantidade ou a qualidade dos materiais, bens, obras ou serviços, ou com a natureza dos encargos ou despesas estipulados no orçamento.

§ 10. A pessoa jurídica que utilizar o crédito presumido de que trata o § 1º deve determinar, na data da conclusão da obra ou melhoramento, a diferença entre o custo orçado e o efetivamente realizado, com os ajustes previstos no § 6º:

I - se o custo realizado for inferior ao custo orçado, em mais de 15% (quinze por cento) deste, considera-se como postergada a contribuição incidente sobre a diferença;

II - se o custo realizado for inferior ao custo orçado, em até 15% (quinze por cento) deste, a contribuição incidente sobre a diferença é devida a partir da data da conclusão, sem acréscimos legais;

III - se o custo realizado for superior ao custo orçado, a pessoa jurídica tem direito ao crédito correspondente à diferença, no período de apuração em que ocorrer a conclusão, sem acréscimos.

§ 11. A diferença de custo a que se refere o § 10 deve ser, no período de apuração em que ocorrer a conclusão da obra ou melhoramento, adicionada ou subtraída, conforme o caso, para fins de cálculo do crédito a ser descontado na forma do art. 8º, devendo ainda, em relação à contribuição considerada postergada, de acordo com o inciso I do § 10, ser recolhidos os acréscimos referentes a juros de mora e multa, de mora ou de ofício, calculados na forma da legislação que rege a cobrança da contribuição não paga.

§ 12. Se a venda de unidade imobiliária não concluída ocorrer antes de iniciada a apuração da Cofins não-cumulativa na forma do art. 7º, o custo orçado pode ser calculado na data de início dessa apuração, para efeito do disposto nos §§ 6º e 7º, observado, quanto aos custos incorridos até essa data, o disposto no § 4º do art. 26.

§ 13. O disposto neste artigo não se aplica às vendas efetuadas anteriormente a 4 de dezembro de 2001, data de produção de efeitos da Medida Provisória nº 2.221, de 4 de setembro de 2001.

§ 14. Os créditos referentes a unidades imobiliárias recebidas em devolução, calculados com observância do disposto neste artigo, devem ser estornados na data do desfazimento do negócio.

§ 15. O aproveitamento de crédito na forma deste artigo deve ser efetuado sem atualização monetária ou incidência de juros sobre os respectivos valores.

§ 16. O disposto neste artigo aplica-se ao PIS/Pasep não-cumulativo de que trata a Lei nº 10.637, de 2002, com observância da alíquota de 1,65% (um inteiro e sessenta e cinco centésimos por cento), produzindo efeitos a partir de 1º de janeiro de 2003, exceto em relação ao disposto no § 15 que produz efeitos a partir de 1º de dezembro de 2002.

Art. 14. No caso de construção por empreitada ou de fornecimento a preço predeterminado de bens ou serviços, contratados por pessoa jurídica de direito público, empresa pública, sociedade de economia mista ou suas subsidiárias, a pessoa jurídica que optar pelo diferimento do pagamento da contribuição na forma prevista no art. 7º da Lei nº 9.718, de 27 de novembro de 1998, pode utilizar o crédito a ser descontado na forma do art. 8º, somente na proporção das receitas efetivamente recebidas.

Parágrafo único. O disposto neste artigo aplica-se ao PIS/Pasep não-cumulativo de que trata a Lei nº 10.637, de 2002, a partir de 1º de fevereiro de 2004.

Art. 15. A pessoa jurídica contratada ou subcontratada que apurar a base de cálculo das contribuições na forma prevista no art. 5º, pode utilizar crédito a ser descontado na forma do art. 8º, somente na proporção das receitas reconhecidas.

Parágrafo único. O disposto neste artigo aplica-se ao PIS/Pasep não-cumulativo de que trata a Lei nº 10.637, de 2002, a partir de 1º de fevereiro de 2004.

Art. 16. A pessoa jurídica não-financeira, sujeita à incidência não--cumulativa da Cofins, que realizar operações de hedge em bolsa de valores, de mercadorias e de futuros ou no mercado de balcão, pode apurar crédito calculado sobre o valor das perdas verificadas no mês, nessas operações, à alíquota de 4,6% (quatro inteiros e seis décimos por cento).

§ 1º Para efeito do disposto no caput, consideram-se hedge as operações com derivativos destinadas, exclusivamente, à proteção contra riscos inerentes às oscilações de preço ou de taxas, quando o objeto do contrato negociado:

I - estiver relacionado com as atividades operacionais da pessoa jurídica; e

II - destinar-se à proteção de direitos ou obrigações da pessoa jurídica.

§ 2º O disposto no caput aplica-se também às operações de hedge realizadas nos mercados financeiro ou de liquidação futura de taxas de juros, de preços de título ou valor mobiliário, de mercadoria, de taxa de câmbio e de índices, desde que objetivem a proteção de negócios relacionados com a atividade operacional da empresa.

§ 3º A apuração do crédito ocorrerá sobre o valor das perdas apuradas:

I - mensalmente, no caso de operações realizadas nos mercados futuro e a termo com ajuste de posições;

II - por ocasião da liquidação, antecipada ou no vencimento do contrato, no caso dos demais mercados de liquidação futura.

§ 4º A pessoa jurídica não-financeira que adotar o regime de competência no reconhecimento de variação monetária em função de taxa de câmbio contratada, nos termos do § 1º do art. 30 da Medida Provisória nº 2.158-35, de 24 de agosto de 2001, deverá adotar o mesmo regime para contabilizar os resultados das operações de hedge realizadas nos mercados financeiro ou de liquidação futura, com contratos sujeitos a referida variação.

§ 5º Os resultados positivos ou negativos, contabilizados nos termos do § 4º, serão considerados para efeito de apuração da contribuição ou do crédito de que trata o caput deste artigo.

§ 6º O crédito não aproveitado em determinado mês poderá sê-lo nos meses subsequentes.

Art. 17. A pessoa jurídica deverá manter a disposição da SRF toda a documentação necessária à demonstração dos resultados das operações de que trata o art. 16, fornecida pela bolsa ou pela instituição que intermediar o negócio.

§ 1º Com base na documentação de que trata o caput, o contribuinte deverá elaborar demonstrativo contendo, no mínimo, as seguintes informações:

I - o valor do ganho ou perda apurado na negociação ou no exercício de opções, o preço de exercício e o prazo de vencimento do contrato, no caso de operações realizadas nesse mercado;

II - a soma algébrica dos ajustes diários incorridos no mês, o valor do contrato e a data de seu vencimento, no caso de operações realizadas no mercado futuro;

III - o valor do ganho ou perda apurado no mercado a termo, o valor do contrato e a data de seu vencimento, no caso de operações realizadas nesse mercado.

IV - o resultado, positivo ou negativo, apurado em operações de swap, o valor de referência do contrato e a data de seu vencimento; e

V - o resultado, positivo ou negativo, apurado nas demais operações de hedge realizadas no mercado financeiro.

§ 2º Para comprovar que a operação realizada nos mercados financeiro ou de liquidação futura atende aos requisitos de que tratam os incisos I e II do § 1º do art. 16, o contribuinte deverá manter à disposição da SRF controles extracontábeis, identificando os bens, direitos ou obrigações que estão sendo objeto de hedge.

§ 3º O controle extracontábil de que trata o § 2º deverá conter, no mínimo, as seguintes informações:

I - o valor do bem, direito ou obrigação;

II - data de vencimento do contrato correspondente ao direito ou obrigação; e

III - indicação das contas ou subcontas do balanço da empresa em que o bem, direito ou obrigação está contabilizado.

Art. 18. No caso de operação de hedge realizada no mercado de balcão, o crédito presumido de que trata o art. 16 somente será admitido se a operação estiver registrada no Banco Central do Brasil, na Bolsa de Mercadorias & Futuros (BM&F), na Central de Custódia e de Liquidação Financeira de Títulos (Cetip), no Sistema Especial de Liquidação e Custódia de Títulos (Selic) e demais entidades autorizadas nos termos da legislação vigente.

Art. 19. As disposições dos arts. 16 a 18 produzem efeito a partir de 1º de fevereiro de 2004.

Art. 20. Nas hipóteses dos incisos I, II e III do art. 6º, a pessoa jurídica vendedora pode utilizar os créditos, apurados na forma dos arts. 8º, 10 e 11, para fins de:

I - dedução do valor da contribuição a recolher, decorrente das demais operações no mercado interno; e

II - compensação com débitos próprios, vencidos ou vincendos, relativos a tributos e contribuições administrados pela SRF, observada a legislação específica aplicável à matéria.

§ 1º A pessoa jurídica que, até o final de cada trimestre do ano calendário, não conseguir utilizar o crédito por qualquer das formas previstas no caput, pode solicitar o seu ressarcimento, observada a legislação específica aplicável à matéria.

§ 2º O disposto no caput e no § 1º aplica-se somente aos créditos apurados em relação a custos, despesas e encargos vinculados à receita de exportação, observados os métodos de apropriação previstos no art. 21.

§ 3º O direito de utilizar o crédito de acordo com o caput não beneficia a empresa comercial exportadora que tenha adquirido mercadorias com o fim de exportação, ficando vedada, nesta hipótese, a apuração de créditos vinculados à receita de exportação.

§ 4º O aproveitamento de crédito na forma deste artigo deve ser efetuado sem atualização monetária ou incidência de juros sobre os respectivos valores.

§ 5º O disposto nos §§ 2º a 4º aplica-se ao PIS/Pasep não-cumulativo de que trata a Lei nº 10.637, de 2002.

Art. 21. Na hipótese de a pessoa jurídica sujeitar-se à incidência não-cumulativa da Cofins, em relação apenas à parte de suas receitas, o crédito deve ser apurado, exclusivamente, em relação aos custos, despesas e encargos vinculados a essas receitas.

§ 1º Para efeito do disposto neste artigo, a pessoa jurídica deve registrar, a cada mês, destacadamente para a modalidade de incidência referida no caput e para aquelas submetidas ao regime de incidência cumulativa dessa contribuição, as parcelas:

I - dos custos, das despesas e dos encargos de que trata a alínea b do inciso I e os incisos II e III do art. 8º, observado o disposto no art. 9º; e

II - do custo de aquisição dos bens e serviços de que trata a alínea "b" do inciso I do art. 8º, adquiridos de pessoas físicas, observado o disposto nos arts. 10 e 11.

§ 2º Para efeito do disposto no § 1º, o valor a ser registrado deve ser determinado, a critério da pessoa jurídica, pelo método de:

I - apropriação direta, inclusive, em relação aos custos, por meio de sistema de contabilidade de custos integrada e coordenada com a escrituração; ou

II - rateio proporcional, aplicando-se aos custos, despesas e encargos comuns a relação percentual existente entre a receita bruta sujeita à incidência não-cumulativa e a receita bruta total, auferidas em cada mês.

§ 3º Para apuração do crédito decorrente de encargos comuns, na hipótese do inciso I do § 2º, aplica-se sobre o valor de aquisição de insumos, dos custos e das despesas, referentes ao mês de apuração, a relação percentual existente entre os custos vinculados à receita sujeita à incidência não-cumulativa e os custos totais incorridos no mês.

§ 4º O método eleito pela pessoa jurídica deve ser aplicado consistentemente por todo o ano-calendário.

Do Pagamento

Art. 22. A contribuição deve ser paga até o último dia útil da primeira quinzena do mês subseqüente ao da ocorrência do fato gerador.

Das Disposições Gerais

Art. 23. Permanecem sujeitas às normas da legislação da Cofins, vigentes anteriormente a Lei nº 10.833, de 2003, não se lhes aplicando as disposições desta Instrução Normativa:

I - os bancos comerciais, bancos de investimentos, bancos de desenvolvimento, caixas econômicas, sociedades de crédito, financiamento e investimento, sociedades de crédito imobiliário, sociedades corretoras, distribuidoras de títulos e valores mobiliários, empresas de arrendamento mercantil, cooperativas de crédito, empresas de seguros privados e de capitalização, agentes autônomos de seguros privados e de crédito, entidades de previdência complementar abertas e fechadas e associações de poupança e empréstimo;

II - as pessoas jurídicas que tenham por objeto a securitização de créditos imobiliários, nos termos da Lei nº 9.514, de 20 de novembro de 1997, e financeiros;

III - as operadoras de planos de assistência à saúde;

IV - as empresas particulares que explorem serviços de vigilância e transporte de valores na forma da Lei nº 7.102, de 20 de junho de 1983.

V - as sociedades cooperativas;

VI - as receitas de venda dos produtos de que trata a Lei nº 9.990, de 2000, a Lei nº 10.147, de 2000, a Lei nº 10.485, de 2002, o art. 2º da Lei nº 10.560, de 2002, e os art. 49 e 50 da Lei nº 10.833, de 2003, ou quaisquer outras submetidas à incidência monofásica da Cofins;

VII - as receitas sujeitas à substituição tributária da Cofins;

VIII - as receitas relativas às operações de venda de veículos usados, adquiridos para revenda, bem assim dos recebidos como parte do preço da venda de veículos novos ou usados, quando auferidas por pessoas jurídicas que tenham como objeto social, declarado em seus atos constitutivos, a compra e venda de veículos automotores;

IX - as receitas decorrentes da prestação de serviços de telecomunicação;

X - as receitas decorrentes de prestação de serviços das empresas jornalísticas e de radiodifusão sonora e de sons e imagens.

XI - as receitas submetidas ao regime especial de tributação previsto no art. 47 da Lei nº 10.637, de 2002 (MAE);

XII - as receitas submetidas ao regime especial de apuração e pagamento previsto no art. 52 da Lei nº 10.833, de 2003;

XIII - as receitas decorrentes da venda de embalagens, destinadas ao envasamento dos produtos listados no art. 49 da Lei nº 10.833, de 2003;

XIV - as receitas decorrentes de prestação de serviços de transporte coletivo rodoviário, metroviário, ferroviário e aquaviário de passageiros;

XV - as receitas decorrentes do serviço prestado por hospital, pronto-socorro, casa de saúde e de recuperação sob orientação médica e por banco de sangue;

XVI - as receitas decorrentes de prestação de serviços de educação infantil, ensinos fundamental e médio e educação superior; e

XVII - as receitas relativas a contratos firmados anteriormente a 31 de outubro de 2003:

a) com prazo superior a 1 (um) ano, de administradoras de planos de consórcios de bens móveis e imóveis, regularmente autorizadas a funcionar pelo Banco Central;

b) com prazo superior a 1 (um) ano, de construção por empreitada ou de fornecimento, a preço predeterminado, de bens ou serviços; e

c) de construção por empreitada ou de fornecimento, a preço predeterminado, de bens ou serviços contratados com pessoa jurídica de direito público, empresa pública, sociedade de economia mista ou suas subsidiárias, bem como os contratos posteriormente firmados decorrentes de propostas apresentadas, em processo licitatório, até aquela data.

Parágrafo único. O disposto nos incisos XIV a XVII do § 1º aplica-se ao PIS/Pasep não-cumulativo de que trata a Lei nº 10.637, de 2002, a partir de 1º de fevereiro de 2004.

Art. 24. A pessoa jurídica, em relação às receitas sujeitas à incidência da Cofins não-cumulativa, não faz jus ao crédito presumido do IPI de que tratam as Leis nº 9.363, de 16 de dezembro de 1996, e nº 10.276, de 10 de setembro de 2001.

§ 1º Na hipótese de a pessoa jurídica auferir, concomitantemente, receitas sujeitas à incidência não-cumulativa e cumulativa da Contribuição para o PIS/Pasep e da Cofins, fará jus ao crédito presumido do IPI apenas em relação às receitas sujeitas à incidência cumulativa dessas contribuições.

§ 2º Para os efeitos do disposto no § 1º, aplicam-se as disposições do art. 21.

Art. 25. A empresa comercial exportadora que utilizar ou revender no mercado interno, produtos adquiridos com o fim específico de exportação, ou que no prazo de 180 (cento e oitenta) dias, contado da data da emissão da nota fiscal de venda pela empresa vendedora, não efetuar a exportação dos referidos produtos para o exterior, fica obrigada, cumulativamente, ao pagamento:

I - Da Cofins não-cumulativa não recolhida em decorrência do disposto no inciso III do art. 6º incidentes sobre o valor de aquisição dos produtos adquiridos e não exportados; e

II - das contribuições incidentes sobre o seu faturamento, na hipótese de revenda no mercado interno.

§ 1º Os pagamentos a que se refere o caput devem ser efetuados com os acréscimos de juros de mora e multa, de mora ou de ofício, calculados na forma da legislação que rege a cobrança das contribuições não pagas.

§ 2º Para a contribuição devida de acordo com o inciso I do caput, a multa e os juros de que trata o § 1º devem ser calculados a partir da data em que a empresa vendedora deveria efetuar o pagamento das contribuições, caso a venda para a empresa comercial exportadora não houvesse sido realizada com o fim específico de exportação.

§ 3º No pagamento da referida contribuição, a empresa comercial exportadora não pode efetuar qualquer dedução a título de Cofins não-cumulativa, decorrente da aquisição das mercadorias e serviços objeto da incidência.

Das Disposições Transitórias

Art. 26. A pessoa jurídica sujeita a incidência da Cofins não-cumulativa, tem direito aos créditos previstos no art. 8º, referentes ao estoque de bens de que trata o seu inciso I, existentes em 1º de fevereiro de 2004, adquiridos de pessoa jurídica domiciliada no País.

§ 1º O montante de crédito presumido será igual ao resultado da aplicação do percentual de 3% (três por cento) sobre o valor do estoque.

§ 2º O crédito presumido calculado na forma do disposto no § 1º será utilizado em doze parcelas mensais, iguais e sucessivas, a partir de 1º de fevereiro de 2004.

§ 3º O disposto no caput aplica-se também aos estoques de produtos acabados e em elaboração.

§ 4º A pessoa jurídica referida no art. 13 que, antes da data de início da vigência da incidência não-cumulativa da Cofins, tenha incorrido em custos com unidade imobiliária construída ou em construção pode calcular crédito presumido, naquela data, observado:

I - No cálculo do crédito deve ser aplicado o percentual previsto no § 1º sobre o valor dos bens e dos serviços, inclusive combustíveis e lubrificantes, adquiridos de pessoas jurídicas domiciliadas no País, utilizados como insumo na construção;

II - o valor do crédito presumido apurado na forma deste parágrafo deve ser utilizado na proporção da receita relativa à venda da unidade imobiliária, à medida do recebimento.

§ 5º O disposto no § 4º aplica-se ao PIS/Pasep não-cumulativo de que trata a Lei nº 10.637, de 2002, com observância da alíquota de 0,65% (sessenta e cinco centésimos por cento), produzindo efeitos a partir de 1º de janeiro de 2003.

§ 6º O aproveitamento de crédito na forma do § 2º e inciso II do § 4º deve ser efetuado sem atualização monetária ou incidência de juros sobre os respectivos valores.

§ 7º O disposto no § 6º aplica-se ao PIS/Pasep não-cumulativo de que trata a Lei nº 10.637, de 2002.

§ 8º Para efeito do disposto neste artigo, aplicam-se as determinações do art. 21.

Art. 27. Permanecem sujeitas às normas da legislação da Cofins cumulativa as pessoas jurídicas que, no ano-calendário imediatamente anterior, tenham auferido receita bruta igual ou inferior a R$ 100.000,00 (cem mil reais) multiplicado pelo número de meses de efetiva atividade, que se dediquem exclusiva e cumulativamente à atividade de desenvolvimento, instalação, suporte técnico e consultoria de software, desde que não detenham participação societária em outras pessoas jurídicas, nem tenham sócio ou acionista pessoa jurídica ou pessoa física residente no exterior.

§ 1º O disposto no caput aplica-se até a entrada em vigor de lei prevendo a substituição parcial da contribuição a cargo da empresa, destinada à seguridade social, incidente sobre a folha de salários e demais rendimentos do trabalho, prevista no art. 22 da Lei nº 8.212, de 24 de julho de 1991, em Contribuição Social não-cumulativa incidente sobre a receita bruta.

§ 2º O disposto neste artigo aplica-se à contribuição para o PIS/Pasep dessas pessoas jurídicas, a partir de 1º de fevereiro de 2004.

Das Disposições Finais

Art. 28. Esta Instrução Normativa entra em vigor na data de sua publicação, produzindo efeitos a partir de 1º de fevereiro 2004.

4. AQUISIÇÃO DE BENS PARA REVENDA

Descrição: Compras de mercadorias destinadas à revenda para empresas que atuam no comércio.

Base Legal: Lei nº 10.637/2002, art. 3º, inciso I (PIS) e Lei nº 10.833/2003, art. 3º, inciso I (COFINS).

Observação: A compra de mercadorias para revenda gera crédito de PIS e COFINS no regime não cumulativo, desde que não estejam sujeitas à substituição tributária.

5. TRANSPORTE DE BENS E MERCADORIAS

Descrição: Fretamento de transporte para o envio de bens e mercadorias entre estabelecimentos da empresa ou para clientes, bem como frete de mercadorias adquiridas para revenda.

Base Legal: Lei nº 10.637/2002, art. 3º, inciso IX (PIS) e Lei nº 10.833/2003, art. 3º, inciso IX (COFINS).

Instrução Normativa: IN RFB nº 1911/2019 – Normatiza a apropriação de créditos sobre o transporte de bens no contexto da revenda.

6. DESPESAS COM IMPORTAÇÃO (PIS/ COFINS-IMPORTAÇÃO)

Descrição: Despesas geradas pela importação de bens e serviços, sujeitos à incidência de PIS e COFINS.

Base Legal: Lei nº 10.865/2004, art. 15 (PIS/COFINS-Importação).

Observação: Créditos sobre PIS e COFINS podem ser gerados a partir de despesas de importação, desde que a importação seja diretamente vinculada às operações da empresa.

7. AQUISIÇÃO DE SERVIÇOS (VINCULADOS À PRODUÇÃO)

Descrição: Contratação de serviços utilizados diretamente na produção de bens ou na prestação de serviços da empresa (ex.: manutenção de máquinas).

Base Legal: Lei nº 10.637/2002, art. 3º, inciso II (PIS) e Lei nº 10.833/2003, art. 3º, inciso II (COFINS).

Observação: Os serviços devem estar diretamente relacionados à atividade-fim da empresa, de modo a serem considerados insumos.

8. EXPORTAÇÕES

Descrição: Receitas de exportação são isentas de PIS e COFINS, mas as despesas relacionadas à exportação podem gerar créditos.

Base Legal: Lei nº 10.637/2002, art. 5º (PIS) e Lei nº 10.833/2003, art. 6º (COFINS).

Observação: Apesar da isenção sobre as receitas de exportação, os créditos de PIS e COFINS podem ser aproveitados sobre as aquisições de insumos e serviços relacionados à operação de exportação.

9. EQUIPAMENTOS E MÁQUINAS

Descrição: Aquisição de máquinas e equipamentos utilizados diretamente na fabricação de bens ou na prestação de serviços.

Base Legal: Lei nº 10.637/2002, art. 3º, inciso V (PIS) e Lei nº 10.833/2003, art. 3º, inciso V (COFINS).

Observação: O equipamento deve ser utilizado na atividade-fim da empresa para permitir a apropriação do crédito.

10. DESPESAS COM MÃO DE OBRA TEMPORÁRIA E SUBCONTRATAÇÃO

Descrição: Despesas com contratação de mão de obra temporária ou subcontratação diretamente vinculada à produção de bens ou prestação de serviços.

Base Legal: Lei nº 10.637/2002, art. 3º, inciso II (PIS) e Lei nº 10.833/2003, art. 3º, inciso II (COFINS).

Observação: A contratação deve estar diretamente relacionada à atividade produtiva da empresa para gerar direito ao crédito.

11. INSTRUÇÕES GERAIS

Documentação: Todos os créditos devem ser devidamente documentados e registrados na EFD-Contribuições e no Livro de Apuração do PIS/COFINS.

Instrução Normativa IN RFB nº 1.252/2012: Normatiza a escrituração fiscal e o aproveitamento de créditos de PIS e COFINS.

COM ESSA LISTA, VOCÊ PODE RELACIONAR CADA ITEM PASSÍVEL DE CRÉDITO AO RESPECTIVO AMPARO LEGAL, GARANTINDO QUE A APURAÇÃO ESTEJA CORRETA E DEVIDAMENTE FUNDAMENTADA.

COMO APURAR O CRÉDITO DE PIS E COFINS PARA UTILIZAR NA PER/DCOMP

Este capítulo apresenta as etapas necessárias para a correta apuração dos créditos de PIS e COFINS e como utilizá-los na compensação via PER/DCOMP. Você vai conhecer sobre os métodos de apuração, as regras aplicáveis e as situações em que é possível solicitar a restituição dos valores.

O OBJETIVO É GUIAR O LEITOR NO PROCESSO DE FORMA PRÁTICA, GARANTINDO QUE TODAS AS ETAPAS SEJAM CUMPRIDAS DE ACORDO COM A LEGISLAÇÃO.

Para apurar o crédito de PIS e COFINS e utilizá-lo na Per/Dcomp para compensação ou restituição, é necessário seguir um procedimento que envolve a apuração correta do crédito, seu registro na contabilidade, e o preenchimento da declaração no sistema da Receita Federal. Aqui está um passo a passo para realizar esse processo:

1. APURAÇÃO DO CRÉDITO DE PIS E COFINS

A apuração de créditos de PIS e COFINS segue algumas etapas-chave:

Identificação das Aquisições que Geram Crédito

Cálculo do Crédito

Registro Contábil

a) Identificação das Aquisições que Geram Crédito

Verifique as aquisições que geram crédito conforme a legislação, como insumos, serviços, energia elétrica, entre outros, conforme listado anteriormente.

Use as notas fiscais correspondentes para identificar o valor sobre o qual o crédito será apurado.

b) Cálculo do Crédito

Para o regime não cumulativo, o crédito de PIS e COFINS é calculado sobre o valor das aquisições, com as alíquotas padrão:

PIS: 1,65%

COFINS: 7,6%

Exemplo:

Se sua empresa adquiriu insumos no valor de R$ 100.000,00:

Crédito de PIS: R$ 100.000,00 x 1,65% = R$ 1.650,00

Crédito de COFINS: R$ 100.000,00 x 7,6% = R$ 7.600,00

Total de créditos apurados: R$ 1.650,00 (PIS) + R$ 7.600,00 (COFINS) = R$ 9.250,00.

c) Registro Contábil

Os créditos devem ser lançados adequadamente nos registros contábeis e fiscais da empresa, de acordo com o período de apuração.

Utilize o EFD-Contribuições (Escrituração Fiscal Digital das Contribuições) para informar a Receita Federal sobre os créditos apurados. Essa escrituração faz parte do SPED e é obrigatória para empresas que apuram tributos pelo regime não cumulativo.

2. COMPENSAÇÃO VIA PER/DCOMP

Após apurar os créditos de PIS e COFINS, você pode utilizá-los para compensar outros tributos federais devidos. Para isso, você deve preencher o Per/Dcomp (Pedido Eletrônico de Restituição, Ressarcimento ou Reembolso e Declaração de Compensação) no portal e-CAC da Receita Federal. Veja como:

a) Acesso ao Per/Dcomp Web

- Acesse o portal e-CAC no site da Receita Federal: https://www.gov.br/receitafederal/pt-br.
- Faça login com certificado digital ou código de acesso (com CPF ou CNPJ).

b) Iniciar a Declaração

- No menu do e-CAC, vá para a seção Restituição e Compensação.
- Selecione a opção Per/Dcomp Web para iniciar uma nova declaração.
- Escolha o tipo de declaração: Declaração de Compensação.

c) Informar os Créditos

- No formulário do Per/Dcomp, informe os créditos de PIS e COFINS que você apurou no período de apuração correspondente.
- Indique o período de apuração dos créditos, conforme registrado na EFD-Contribuições.
- Detalhe o valor exato dos créditos que serão utilizados para a compensação.

d) Escolher o Tributo a Ser Compensado

- Escolha o tributo que você deseja compensar com os créditos apurados. Isso pode incluir diversos tributos federais, como:
- IRPJ (Imposto de Renda Pessoa Jurídica).
- CSLL (Contribuição Social sobre o Lucro Líquido).
- IPI (Imposto sobre Produtos Industrializados).
- Contribuições previdenciárias.
- Informe o código de receita do tributo que será compensado.

e) Anexar Documentos

- Caso necessário, anexe documentos comprobatórios, como notas fiscais, memória de cálculo e livros fiscais, conforme detalhado anteriormente.
- Isso é especialmente importante em casos de fiscalização ou auditoria posterior.

f) Finalizar e Enviar a Declaração

- Revise todas as informações preenchidas, garantindo que os valores estão corretos.
- Finalize e envie a declaração. Após o envio, o sistema emitirá um recibo de entrega com o número de protocolo para acompanhamento.

g) Acompanhamento

- Após o envio, você pode acompanhar o andamento do pedido no próprio portal e-CAC, acessando a seção Consulta de Processos ou Consulta de Per/Dcomp.
- A Receita Federal tem até 5 anos para homologar a compensação. Até lá, o crédito pode ser utilizado, salvo se houver inconsistência ou indeferimento.

3. RESTITUIÇÃO (SE APLICÁVEL)

Caso sua empresa tenha direito à restituição (ao invés de compensação), o Per/Dcomp também pode ser utilizado para solicitar a devolução de tributos pagos a maior. O processo é similar à compensação, mas ao invés de compensar, você estará solicitando o ressarcimento do valor.

Resumo do Processo:

1. **Apuração do crédito**: Calcule o crédito de PIS e COFINS com base nas aquisições e lançamentos feitos.

2. **Registro contábil:** Registre os créditos na EFD-Contribuições e nos livros contábeis.

3. **Compensação via Per/Dcomp:** Acesse o e-CAC, preencha a Per/Dcomp, informe os créditos apurados e o tributo a ser compensado.

4. **Envio e acompanhamento:** Finalize e envie a declaração, e acompanhe o status no e-CAC.

Seguindo essas etapas, você conseguirá apurar e utilizar corretamente os créditos de PIS e COFINS para compensação via Per/Dcomp.

COMO LANÇAR CORRETAMENTE OS CRÉDITOS DE PIS E COFINS NO EFD-CONTRIBUIÇÕES E NA ECF

Registrar adequadamente os créditos de PIS e COFINS na EFD--Contribuições e na ECF é um passo fundamental para garantir a regularidade fiscal.

> **NESTE CAPÍTULO, ENSINAREMOS COMO REALIZAR ESSES LANÇAMENTOS DE FORMA PRECISA, ALÉM DE APRESENTAR EXEMPLOS PRÁTICOS PARA FACILITAR A COMPREENSÃO.**

Também discutiremos a importância da documentação de suporte, que é essencial para a validação dos lançamentos perante a Receita Federal.

Para lançar corretamente os créditos de PIS e COFINS na EFD-Contribuições e na ECF (Escrituração Contábil Fiscal), é fundamental entender os procedimentos de cada uma dessas obrigações acessórias.

A seguir, explico como você deve proceder para demonstrar os créditos nesses livros fiscais:

1. LANÇAMENTO DOS CRÉDITOS NA EFD-CONTRIBUIÇÕES

A EFD-Contribuições (Escrituração Fiscal Digital das Contribuições) é uma obrigação acessória mensal para contribuintes do PIS e COFINS, e nela você deve registrar todos os créditos apurados e utilizados.

a) Estrutura da EFD-Contribuições

A EFD-Contribuições é composta de diversos blocos que detalham as operações realizadas no período. Para lançar os créditos de PIS e COFINS, os blocos principais são:

Bloco M - Apuração da Contribuição para o PIS e COFINS.

Bloco C, D, F - Informações de entrada de documentos fiscais.

b) Informação dos Documentos Fiscais (Bloco C, D e F)

Nos blocos correspondentes às entradas de documentos fiscais (aquisições de mercadorias, insumos, serviços), você deve informar as notas fiscais que originam o crédito:

Bloco C: Notas fiscais de aquisições de mercadorias (para revenda ou insumos produtivos).

Bloco D: Serviços tomados (incluindo transporte de mercadorias).

Bloco F: Outras operações, como aluguel, energia elétrica, etc.

Para cada nota fiscal ou documento, preencha os seguintes campos:

- Valor da operação.
- Alíquota aplicada (1,65% para PIS e 7,6% para COFINS).
- Valor do crédito apurado (calculado sobre o valor da operação).

c) Apuração dos Créditos (Bloco M)

No Bloco M, você fará a apuração do crédito total de PIS e COFINS no período. Os registros mais importantes são:

M100 - Apuração do PIS: Informe o total de créditos de PIS apurados, detalhando os valores totais das aquisições e outros créditos permitidos pela legislação.

M500 - Apuração do COFINS: Informe o total de créditos de COFINS apurados, com os mesmos detalhes que o registro do PIS.

Aqui, você consolidará os créditos informados nos blocos anteriores, somando o valor total dos créditos de cada tributo. Exemplo:

M100 - Apuração do PIS

Campo 02: Total de Créditos de PIS: R$ 1.650,00

M500 - Apuração do COFINS

Campo 02: Total de Créditos de COFINS: R$ 7.600,00

d) Compensação dos Créditos

No mesmo Bloco M, além de apurar os créditos, você também demonstrará o uso desses créditos para compensação com os débitos de PIS e COFINS devidos no período. O saldo a pagar ou o valor a compensar será demonstrado nos campos correspondentes.

Se houver saldo de crédito que não tenha sido utilizado no período, ele pode ser transferido para períodos subsequentes, ou utilizado para compensação via Per/Dcomp.

2. LANÇAMENTO DOS CRÉDITOS NA ECF

A ECF (Escrituração Contábil Fiscal) é uma obrigação anual que substituiu a antiga DIPJ e tem por objetivo a apuração do IRPJ e da CSLL. Nela, você deve demonstrar os créditos tributários que impactam a base de cálculo do lucro real e dos tributos devidos.

a) Estrutura da ECF

A ECF é composta por blocos e registros que detalham toda a movimentação financeira e fiscal da empresa. Para fins de PIS e COFINS, os blocos mais relevantes são:

Bloco Y - Informações Gerais (Créditos Fiscais).

Bloco P - Apuração do IRPJ e da CSLL.

b) Créditos Fiscais no Bloco Y (Registro Y570)

No Bloco Y, você informará os créditos tributários, incluindo os créditos de PIS e COFINS. O registro específico para essa finalidade é o Y570 – Créditos Fiscais e Compensações.

Preencha os seguintes campos:

Campo 02 – Tipo de Crédito: Informe que o crédito é de PIS ou COFINS.

Campo 03 – Valor do Crédito: Informe o valor total do crédito apurado no período (ex.: R$ 9.250,00).

Campo 04 – Natureza do Crédito: Detalhe se o crédito é decorrente de aquisições de insumos, energia elétrica, aluguel, etc.

c) Impacto dos Créditos na Apuração do IRPJ e CSLL

Os créditos de PIS e COFINS, apesar de não impactarem diretamente a apuração do IRPJ e CSLL, podem influenciar o resultado contábil final. Os créditos apurados e utilizados devem ser refletidos na contabilidade e, consequentemente, impactar o Bloco P (Apuração do IRPJ e CSLL).

Se os créditos de PIS e COFINS forem utilizados para compensar outros tributos, isso também deve ser registrado, pois pode afetar o valor total de tributos a serem recolhidos.

3. EXEMPLOS PRÁTICOS DE LANÇAMENTO

EFD-Contribuições (Bloco M – Apuração de Créditos):

M100 – Apuração do PIS

Campo 01: Código da Contribuição: 01 (PIS)

Campo 02: Valor do Crédito Apurado: R$ 1.650,00

Campo 07: Crédito a Compensar: R$ 1.650,00

M500 – Apuração do COFINS

Campo 01: Código da Contribuição: 02 (COFINS)

Campo 02: Valor do Crédito Apurado: R$ 7.600,00

Campo 07: Crédito a Compensar: R$ 7.600,00

ECF (Bloco Y – Créditos Fiscais):

Y570 – Créditos Fiscais e Compensações

Campo 02: Tipo de Crédito: PIS

Campo 03: Valor do Crédito: R$ 1.650,00

Campo 04: Natureza do Crédito: Aquisição de Insumos

Y570 – Créditos Fiscais e Compensações

Campo 02: Tipo de Crédito: COFINS

Campo 03: Valor do Crédito: R$ 7.600,00

Campo 04: Natureza do Crédito: Aquisição de Insumos

4. DOCUMENTAÇÃO DE SUPORTE

Além do lançamento correto nos sistemas, é essencial manter toda a documentação de suporte que justifique os créditos apurados, como:

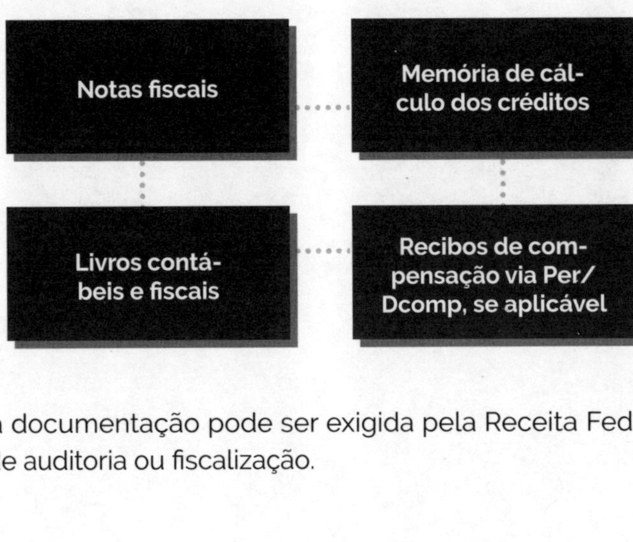

Essa documentação pode ser exigida pela Receita Federal em casos de auditoria ou fiscalização.

Análise Técnica

Na EFD-Contribuições, você registra mensalmente os créditos de PIS e COFINS apurados e sua utilização para compensação.

Na ECF, você detalha anualmente os créditos fiscais que impactam o resultado final da empresa, inclusive os créditos de PIS e COFINS.

Ambos os lançamentos devem estar consistentes e devidamente suportados por documentos fiscais e contábeis.

> **"ESSES PROCEDIMENTOS GARANTIRÃO QUE SEUS CRÉDITOS ESTEJAM CORRETAMENTE DEMONSTRADOS E EM CONFORMIDADE COM AS EXIGÊNCIAS FISCAIS DA RECEITA FEDERAL."**

Auditar e regularizar cinco anos de créditos de PIS e COFINS que não foram lançados na EFD-Contribuições e na ECF exige um processo estruturado, respeitando a legislação e as normativas da Receita Federal. A seguir, aprenda o passo a passo completo para realizar essa auditoria, atualizar os créditos e proceder de forma legal com todos os registros necessários.

PASSO A PASSO PARA AUDITAR E REGULARIZAR CRÉDITOS DOS ÚLTIMOS 5 ANOS

Este capítulo foca na recuperação de créditos retroativos de PIS e COFINS, explicando o processo de auditoria e regularização dos créditos que não foram lançados nos últimos cinco anos. Você vai entender desde a identificação de documentos até a compensação dos créditos via PER/DCOMP, passando pela atualização dos valores com base na SELIC.

> "O OBJETIVO É FORNECER UMA VISÃO CLARA DE COMO RECUPERAR CRÉDITOS QUE AINDA PODEM SER APROVEITADOS."

1. IDENTIFICAÇÃO E LEVANTAMENTO DE DOCUMENTOS

a) Coleta de Documentação Fiscal

Reúna todas as notas fiscais de aquisições de bens e serviços que gerariam direito a crédito de PIS e COFINS nos últimos cinco anos.

Priorize:

- Notas fiscais de insumos (produtivos ou de serviços relacionados à atividade fim).
- Notas de energia elétrica, aluguel de bens móveis e imóveis.
- Outros documentos de despesas passíveis de crédito (transporte, frete, importação, etc.).

b) Verificação de Contratos e Despesas

Além das notas fiscais, verifique os contratos de fornecimento de serviços ou aquisições de longo prazo que podem gerar créditos, como contratos de aluguel e energia.

c) Arquivos da EFD-Contribuições e ECF

Levante os arquivos da EFD-Contribuições e da ECF dos últimos 5 anos e confirme se os créditos não foram lançados ou se houve erro no cálculo e apuração.

2. APURAÇÃO DOS CRÉDITOS RETROATIVOS

a) Cálculo dos Créditos por Período

Após identificar as notas fiscais e documentos que geram direito a crédito, calcule os créditos de PIS e COFINS referentes a cada período de apuração (mensalmente).

Use as alíquotas padrão para o regime não cumulativo:

PIS: 1,65%.

COFINS: 7,6%.

b) Memória de Cálculo

Elabore uma memória de cálculo para cada mês ou período fiscal, detalhando:

- A descrição dos insumos ou serviços.
- A base de cálculo e o valor do crédito.
- A base legal que ampara o direito ao crédito, conforme **Lei nº 10.637/2002 (PIS) e Lei nº 10.833/2003 (COFINS)**.

3. ATUALIZAÇÃO DOS CRÉDITOS (CORREÇÃO PELA SELIC)

a) Correção dos Valores

Após apurar os créditos retroativos, você deve atualizá-los monetariamente utilizando a taxa SELIC. A SELIC é utilizada como índice de correção dos créditos tributários, conforme **art. 39, § 4º da Lei nº 9.250/1995.**

A **taxa aplicável no âmbito administrativo deverá ser a Selic**, que compreende correção monetária e juros moratórios, nos termos do

Art °. 142 da Instrução Normativa RFB nº 1.717, de 2017, sendo a mesma aplicável para a restituição ou **compensação de créditos tributários desde 1º de janeiro de 1996, por força do art. 39, § 4º, da Lei nº 9.250, de 26 de dezembro de 1995**. Adota-se o entendimento do STJ.

Receitas patrimoniais de mesma espécie e destinação constitucional, apurado em períodos subsequentes.

Para cada período, aplique a SELIC correspondente desde o período de apuração até a data atual.

b) Ferramentas de Cálculo

Utilize planilhas de cálculo ou softwares específicos para aplicar a correção da SELIC aos créditos de PIS e COFINS.

4. REGULARIZAÇÃO DOS CRÉDITOS NÃO LANÇADOS NA EFD-CONTRIBUIÇÕES E ECF

a) Retificação da EFD-Contribuições

Para regularizar os créditos não lançados na EFD-Contribuições, você deverá retificar os arquivos dos períodos passados.

Acesse o sistema da Receita Federal (via SPED) e faça a retificação da EFD para incluir os créditos apurados.

O processo envolve:

- Alterar as informações nos blocos de documentos fiscais (Blocos C, D, F).
- Atualizar o Bloco M (apuração dos créditos de PIS e COFINS) com os valores corretos.

A Receita Federal permite a retificação de períodos anteriores, mas é importante que a retificação seja justificada e embasada com toda a documentação de suporte.

b) Retificação da ECF

Após corrigir a EFD-Contribuições, é necessário também retificar a ECF (Escrituração Contábil Fiscal) dos anos correspondentes.

Na ECF, ajuste o Bloco Y (Créditos Fiscais) e demais blocos impactados pelos créditos de PIS e COFINS. Informe os valores retroativos devidamente corrigidos.

O processo de retificação da ECF também é feito pelo SPED e requer o uso de certificado digital.

5. COMPENSAÇÃO DOS CRÉDITOS VIA PER/DCOMP

a) Utilização dos Créditos

Com os créditos devidamente apurados e corrigidos, você pode utilizá-los para compensação de tributos federais via **Per/Dcomp.**

Acesse o **portal e-CAC** e preencha a declaração Per/Dcomp com as informações dos créditos que deseja utilizar para compensar outros tributos **(IRPJ, CSLL, IPI etc.).**

b) Solicitação de Restituição (Se Aplicável)

Se os créditos forem superiores aos débitos a serem compensados, ou se não houver débitos suficientes, você pode solicitar a restituição dos valores via Per/Dcomp.

6. DOCUMENTAÇÃO DE SUPORTE E JUSTIFICATIVA

a) Guarda de Documentação

Para cada crédito regularizado, mantenha toda a documentação de suporte, incluindo:

- Notas fiscais, contratos e comprovantes de pagamento.
- Memória de cálculo dos créditos apurados e corrigidos.
- Cópias das retificações da EFD-Contribuições e ECF.

b) Justificativas Legais

Esteja preparado para justificar as retificações perante a Receita Federal, caso haja questionamentos.

A justificativa pode incluir:

- Erro na apuração original.
- Descoberta posterior dos créditos não lançados.

Explicações detalhadas com base nos artigos da **Lei nº 10.637/2002 (PIS) e Lei nº 10.833/2003 (COFINS)**, além da correção pela SELIC, conforme Lei nº 9.250/1995.

7. PREVENÇÃO PARA FUTUROS PERÍODOS

a) Auditorias Internas

Após a regularização, implemente um processo de auditoria interna para garantir que os créditos de PIS e COFINS sejam lançados corretamente nos períodos futuros.

b) Revisão Contínua

Realize revisões mensais ou trimestrais dos créditos apurados e compensados para evitar a necessidade de retificações posteriores.

Considerações Finais:

Base Legal: As leis que amparam a apuração e compensação dos créditos de PIS e COFINS no regime não cumulativo são:

- Lei nº 10.637/2002 (PIS).
- Lei nº 10.833/2003 (COFINS).
- Lei nº 9.250/1995 (correção pela SELIC).

A **taxa aplicável no âmbito administrativo deverá ser a Selic**, que compreende correção monetária e juros moratórios, nos termos do Art°. 142 da Instrução Normativa RFB nº 1.717, de 2017, sendo a mesma aplicável para a restituição ou compensação de créditos tributários desde 1º de janeiro de 1996, por força do art. 39, § 4º, da Lei nº 9.250, de 26 de dezembro de 1995. Adota-se o entendimento do STJ.

Retificação de EFD e ECF: A Receita Federal permite a retificação, mas é fundamental que todos os registros estejam devidamente documentados e que as memórias de cálculo estejam corretas.

Documentação de Suporte: Mantenha toda a documentação fiscal e contábil organizada para responder a eventuais fiscalizações da Receita Federal.

> **“AO SEGUIR ESSE PASSO A PASSO, VOCÊ PODERÁ REGULARIZAR OS CRÉDITOS DOS ÚLTIMOS CINCO ANOS DE FORMA LEGAL, EFICIENTE E COM BASE NA LEGISLAÇÃO VIGENTE.”**

A auditoria e regularização de créditos de PIS e COFINS acumulados ao longo de cinco anos, sem o devido lançamento na EFD-Contribuições e ECF, exige um processo bem estruturado, legalmente embasado e tecnicamente preciso. A seguir, está a conclusão autoexplicativa com os principais pontos abordados.

Análise Técnica

Ao realizar a auditoria de cinco anos de créditos de PIS e COFINS, o primeiro passo fundamental é a identificação e coleta dos documentos fiscais que amparam esses créditos. A análise de notas fiscais de aquisições de insumos, serviços, energia elétrica, entre outros, será crucial para apurar corretamente o direito ao crédito.

Após a coleta dos documentos, segue-se a apuração dos créditos por período, aplicando as alíquotas correspondentes (1,65% para PIS e 7,6% para COFINS no regime não cumulativo). Em paralelo, deve-se elaborar uma memória de cálculo detalhada, que justifique os valores apurados e vincule-os às bases legais, especialmente as Leis nº 10.637/2002 e nº 10.833/2003.

Os créditos apurados devem ser atualizados pela SELIC, conforme previsto no art. 39, § 4º da Lei nº 9.250/1995. A **taxa aplicável no âmbito administrativo deverá ser a Selic**, que compreende correção monetária e juros moratórios, nos termos do Art °. 142 da Instrução Normativa RFB nº 1.717, de 2017, sendo a mesma aplicável para a restituição ou compensação de créditos tributários desde 1º de janeiro de 1996, por força do art. 39, § 4º, da Lei nº 9.250, de 26 de dezembro de 1995. Adota-se o entendimento do STJ, para que reflitam seu valor monetário atualizado até o presente momento. Isso é importante tanto para compensação quanto para eventual restituição.

Com os créditos apurados e corrigidos, é necessário retificar os arquivos da EFD-Contribuições e da ECF dos períodos afetados. O processo de retificação inclui a inserção correta dos créditos nos blocos da EFD-Contribuições (Bloco M para apuração de créditos) e a atualização do Bloco Y na ECF, que trata dos créditos fiscais.

> **“ESSA RETIFICAÇÃO PRECISA SER FEITA POR MEIO DO SPED, UTILIZANDO CERTIFICADO DIGITAL E GARANTINDO A CONSISTÊNCIA ENTRE OS DOCUMENTOS FISCAIS E OS REGISTROS.”**

Uma vez regularizados os créditos, você pode optar por compensá-los via Per/Dcomp, utilizando-os para quitar débitos de outros tributos federais como IRPJ, CSLL ou IPI. Caso os créditos excedam os débitos a compensar, ou não haja débitos suficientes, é possível solicitar a restituição dos valores à Receita Federal por meio do mesmo sistema.

Por fim, é essencial manter toda a documentação de suporte, incluindo notas fiscais, contratos, memórias de cálculo e comprovantes de retificação, para eventuais fiscalizações ou auditorias da Receita

Federal. Além disso, recomenda-se a implementação de auditorias internas regulares para prevenir a reincidência de erros na apuração dos créditos nos períodos futuros.

Em resumo, o processo de auditoria, apuração e regularização de créditos não lançados envolve a aplicação rigorosa das normas fiscais vigentes, a utilização das ferramentas adequadas para correção de erros, e o registro correto dos créditos para garantir a conformidade com a legislação. Com isso, é possível retificar as obrigações acessórias e compensar os créditos de maneira legal, transparente e eficiente.

DOS EXEMPLOS PRÁTICOS E MÉTODOS DE ANÁLISES E AS EXPLICAÇÕES SOBRE DESCRITO EM CAPÍTULOS EXPLICATIVOS

BASE DE CÁLCULO

A base de cálculo é um dos elementos centrais para a apuração dos créditos de PIS e COFINS. Neste capítulo, explicaremos o conceito e os aspectos que influenciam a determinação da base de cálculo, como o CNAE, o regime tributário e o segmento de atuação da empresa. Vamos detalhar a importância de uma análise técnica correta para garantir que a base de cálculo esteja alinhada com a legislação vigente e maximize os créditos recuperáveis.

A base de cálculo para a recuperação de créditos de PIS e COFINS é determinada por diversos fatores, incluindo o CNAE (Classificação Nacional de Atividades Econômicas), o ramo de atuação da empresa, e o regime tributário ao qual a empresa está sujeita.

> **“ESSES ELEMENTOS INFLUENCIAM DIRETAMENTE A FORMA COMO OS CRÉDITOS SÃO APURADOS, CALCULADOS E RECUPERADOS, E, PORTANTO, SÃO FUNDAMENTAIS PARA GARANTIR A CONFORMIDADE TRIBUTÁRIA E O APROVEITAMENTO ADEQUADO DOS CRÉDITOS NO REGIME NÃO CUMULATIVO.”**

CNAE (Classificação Nacional de Atividades Econômicas)

O CNAE é a Classificação Nacional de Atividades Econômicas que categoriza as atividades econômicas das empresas e impacta diretamente a base de cálculo dos tributos, incluindo PIS e COFINS. A escolha do código CNAE ao registrar uma empresa define o tratamento fiscal aplicável e influencia quais operações podem gerar créditos de PIS e COFINS.

Aplicação no Contexto de Recuperação de Créditos

O CNAE determina a atividade principal da empresa e, com base nessa atividade, as regras para apuração de créditos de PIS e COFINS. Algumas atividades econômicas podem gerar créditos sobre insumos, enquanto outras podem ter restrições quanto à apuração de créditos.

Por exemplo, uma empresa classificada sob CNAE relacionado à indústria ou prestação de serviços pode apurar créditos sobre insumos utilizados diretamente na produção ou na prestação de serviços, como bens adquiridos e serviços essenciais ao processo produtivo.

Algumas atividades, como as ligadas ao comércio de bens para revenda, também podem gerar créditos, porém, atividades financeiras ou de intermediação possuem regras mais específicas e restritivas para apuração de créditos.

Base Legal

A recuperação de créditos de PIS e COFINS com base na atividade econômica está regulamentada pela **Lei nº 10.637/2002 (PIS) e pela Lei nº 10.833/2003 (COFINS).**

Essas leis definem as atividades e operações que podem gerar direito a crédito no regime não cumulativo, e o CNAE serve como uma referência para aplicar corretamente essas regras às empresas.

Exemplo Prático

Uma empresa de fabricação de máquinas (CNAE 28.11-3) poderá apurar créditos sobre a aquisição de matérias-primas e componentes usados diretamente na fabricação dos produtos. Esses insumos são essenciais para a atividade principal da empresa, o que justifica o crédito sobre as aquisições.

Ramo (Segmento de Atuação da Empresa)

O ramo ou segmento de atuação da empresa refere-se ao conjunto de atividades exercidas por ela, definidas principalmente pela CNAE e pela realidade operacional. O ramo da empresa influencia diretamente a base de cálculo dos tributos e a possibilidade de apuração e recuperação de créditos de PIS e COFINS.

Aplicação no Contexto de Recuperação de Créditos:

Dependendo do ramo de atuação, as empresas podem ter diferentes regimes de apuração de créditos. Por exemplo.

Indústria: Empresas do ramo industrial, envolvidas diretamente na produção de bens, podem apurar créditos sobre a compra de insumos, matéria-prima, energia elétrica, aluguel de máquinas e serviços vinculados ao processo produtivo.

Comércio: Empresas comerciais, que compram e revendem mercadorias, podem apurar créditos de PIS e COFINS sobre o valor das mercadorias adquiridas para revenda, desde que essas operações sejam realizadas no regime não cumulativo.

Prestação de Serviços: Empresas de serviços podem apurar créditos sobre despesas com serviços contratados e outros insumos diretamente relacionados à prestação dos serviços.

Além disso, setores específicos como o de exportação, infraestrutura **(empresas no REIDI)** ou o agronegócio podem ter regras diferenciadas ou benefícios fiscais que afetam a apuração de créditos.

Base Legal

A Lei nº 10.637/2002 e a Lei nº 10.833/2003 detalham as atividades econômicas e operações que permitem a apuração de créditos, mas cada setor pode ter legislações complementares ou decretos que regulamentam de maneira específica a apuração de créditos, como o REIDI e o REINTEGRA para os setores de infraestrutura e exportação, respectivamente.

Exemplo Prático

Uma empresa do ramo de construção civil pode apurar créditos sobre a compra de materiais de construção, como cimento e aço, e sobre serviços de terceiros essenciais à construção. Por outro lado, uma empresa de comércio de roupas apura créditos sobre as mercadorias adquiridas para revenda.

Regime Tributário

O regime tributário da empresa é outro fator essencial para a apuração e recuperação de créditos de PIS e COFINS. O regime determina como os tributos serão calculados e como a empresa poderá se beneficiar dos créditos apurados.

Os principais regimes tributários no Brasil são:

Aplicação no Contexto de Recuperação de Créditos:

1. Lucro Real

Empresas que optam pelo Lucro Real apuram PIS e COFINS no regime não cumulativo, o que permite a recuperação de créditos sobre diversas despesas e aquisições.

No regime não cumulativo, a empresa pode gerar créditos de PIS e COFINS sobre a aquisição de insumos, energia elétrica, aluguel de bens, serviços contratados e mercadorias para revenda, desde que diretamente relacionados à sua atividade principal.

Esse regime permite o maior aproveitamento de créditos, uma vez que a empresa compensa esses créditos com os débitos de PIS e COFINS apurados no mesmo período.

2. Lucro Presumido

No Lucro Presumido, as empresas estão sujeitas ao regime cumulativo de apuração de PIS e COFINS. Nesse regime, a empresa não pode recuperar créditos de PIS e COFINS sobre a maioria das despesas e aquisições.

O regime cumulativo possui alíquotas menores (0,65% para PIS e 3% para COFINS), porém, a compensação de créditos é muito mais restrita.

3. Simples Nacional

Empresas optantes pelo Simples Nacional recolhem PIS e COFINS em um regime simplificado, junto com outros tributos, por meio do DAS (Documento de Arrecadação do Simples Nacional).

Essas empresas não podem apurar créditos de PIS e COFINS, já que o recolhimento dos tributos é unificado e simplificado. Isso limita o benefício da recuperação de créditos, sendo exclusivo do Lucro Real.

Base Legal

O regime tributário que define se uma empresa apura PIS e COFINS de forma cumulativa ou não cumulativa é estabelecido principalmente pela **Lei nº 10.637/2002 (PIS) e Lei nº 10.833/2003 (COFINS)**, para o regime não cumulativo.

O **Decreto-Lei nº 1.598/1977 regula o Lucro Presumido**, enquanto o Simples Nacional é regido pela **Lei Complementar nº 123/2006**.

Exemplo Prático

Uma empresa de tecnologia que opera no Lucro Real pode apurar créditos sobre a compra de software, serviços de TI e insumos usados na prestação de seus serviços. Por outro lado, uma empresa no Lucro Presumido, como um pequeno escritório de consultoria, não terá direito à recuperação desses créditos.

Análise técnica

A base de cálculo dos créditos de PIS e COFINS é diretamente impactada pelo CNAE, o ramo de atuação da empresa, e o regime tributário ao qual ela está sujeita. O CNAE classifica a atividade econômica e ajuda a determinar quais operações geram créditos. O ramo de atuação define os insumos e serviços essenciais à atividade, influenciando a apuração dos créditos. Por fim, o regime tributário é o fator que define se a empresa pode ou não recuperar créditos, sendo o Lucro Real o regime mais vantajoso para a recuperação, enquanto o Lucro Presumido e o Simples Nacional têm restrições ou impossibilidades quanto à apuração de créditos. A correta aplicação desses conceitos é fundamental para garantir o máximo aproveitamento dos créditos de PIS e COFINS, dentro do que a legislação permite.

INSUMOS

A definição de insumos é um dos pontos-chave para a recuperação de créditos de PIS e COFINS. Neste capítulo, explicaremos o que são considerados insumos e como identificá-los corretamente no processo produtivo de uma empresa. Além disso, vamos abordar as formas de recuperar e utilizar os créditos gerados por insumos, garantindo que o leitor compreenda todas as nuances que envolvem esse tema.

> **“OS INSUMOS SÃO UMA CATEGORIA IMPORTANTE NO PROCESSO DE RECUPERAÇÃO DE CRÉDITOS DE PIS E COFINS NO REGIME NÃO CUMULATIVO.”**

Compreender a definição de insumos, o processo de recuperação de créditos sobre eles e como esses créditos podem ser utilizados é essencial para garantir uma apuração correta dos tributos e um aproveitamento legalmente embasado.

O que são Insumos?

Na legislação fiscal, insumos referem-se a bens ou serviços que são essenciais ou relevantes para a produção de bens ou a prestação de serviços de uma empresa. Eles são diretamente vinculados ao processo produtivo ou à atividade fim da empresa. A definição de insumos é crucial para determinar se uma determinada despesa pode gerar créditos de PIS e COFINS no regime não cumulativo.

Critérios de Definição

Essencialidade: O bem ou serviço é considerado insumo se for indispensável para que a empresa produza seus bens ou preste seus serviços. Sem ele, a atividade não poderia ser realizada ou seria significativamente prejudicada.

Relevância: Mesmo que não seja indispensável, o bem ou serviço é considerado insumo se sua utilização melhora de maneira substancial a atividade da empresa ou contribui diretamente para o processo produtivo.

Jurisprudência

A definição de insumos foi consolidada pelo Superior Tribunal de Justiça (STJ) no julgamento do REsp nº 1.221.170, que estabeleceu que insumos devem ser definidos com base em sua essencialidade e relevância para o processo produtivo, afastando uma definição restritiva utilizada anteriormente pela Receita Federal.

Exemplos

- **Insumos industriais**: Matérias-primas, componentes e materiais utilizados diretamente na fabricação de produtos.
- **Insumos de serviços**: Serviços de manutenção de máquinas e equipamentos diretamente utilizados na produção.
- **Energia elétrica:** Utilizada diretamente no processo produtivo, pode ser considerada insumo em alguns casos.

Como Recuperar

A recuperação de créditos de PIS e COFINS sobre insumos ocorre no regime não cumulativo de apuração, que é aplicável, em regra, às empresas optantes pelo Lucro Real. Nesse regime, as empresas podem aproveitar créditos referentes às despesas com a aquisição de insumos para abater os débitos de PIS e COFINS a serem recolhidos.

Etapas para Recuperação

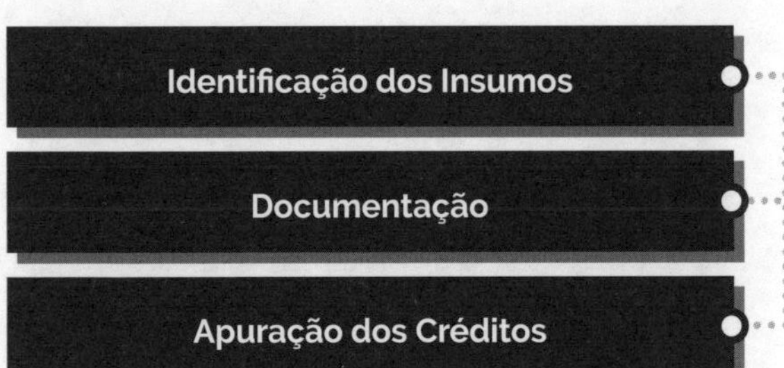

1. Identificação dos Insumos

A primeira etapa é a identificação dos insumos que geram direito a crédito. Para isso, é importante que a empresa tenha um controle detalhado de suas aquisições, classificando corretamente quais bens e serviços são essenciais ou relevantes para a produção ou prestação de serviços.

2.Documentação

Para que a recuperação seja feita de forma correta, a empresa deve manter a documentação fiscal das aquisições de insumos. As notas fiscais devem ser registradas, contendo a descrição do bem ou serviço adquirido, o valor da operação, e o destaque das alíquotas de PIS e COFINS.

3. Apuração dos Créditos

O valor do crédito de PIS e COFINS a ser recuperado é calculado aplicando as alíquotas respectivas (1,65% para PIS e 7,6% para COFINS) sobre o valor da aquisição dos insumos.

O cálculo deve ser registrado mensalmente na EFD-Contribuições (Escrituração Fiscal Digital das Contribuições), no Bloco M, onde são detalhados os créditos apurados para cada período.

Base Legal

A recuperação de créditos de PIS e COFINS sobre insumos no regime não cumulativo é amparada pela Lei nº 10.637/2002 (PIS) e Lei nº 10.833/2003 (COFINS). Essas leis estabelecem o direito ao crédito sobre bens e serviços utilizados na atividade da empresa.

Exemplo de Recuperação

Se uma empresa adquire matéria-prima no valor de R$ 100.000,00:

Crédito de PIS: R$ 100.000,00 x 1,65% = R$ 1.650,00.

Crédito de COFINS: R$ 100.000,00 x 7,6% = R$ 7.600,00.

O crédito total recuperado seria de R$ 9.250,00.

Como Utilizar

Após a apuração dos créditos sobre insumos, a empresa pode utilizar esses créditos para compensar os débitos de PIS e COFINS que devem ser pagos mensalmente. O uso correto dos créditos permite uma redução da carga tributária e, em alguns casos, o crédito pode ser utilizado para compensar outros tributos federais ou até mesmo ser restituído.

Etapas para Utilização

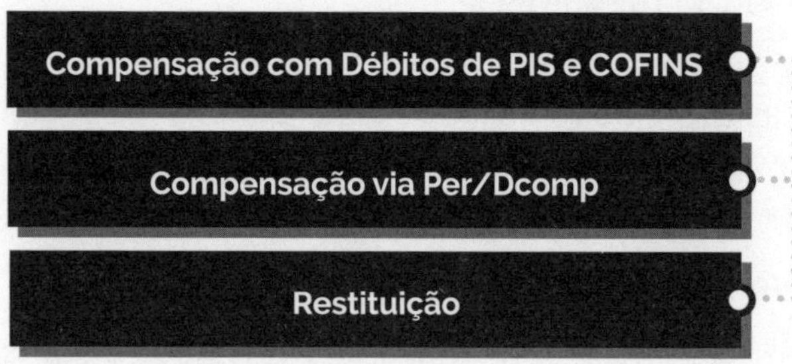

Compensação com Débitos de PIS e COFINS

Os créditos apurados sobre as aquisições de insumos podem ser compensados diretamente com os débitos de PIS e COFINS devidos no mesmo período.

Essa compensação é feita automaticamente no processo de apuração, ao informar os créditos no Bloco M da EFD-Contribuições. Os valores dos créditos são subtraídos do valor total devido, reduzindo o saldo a pagar.

Compensação via Per/Dcomp

Se a empresa possui créditos acumulados de PIS e COFINS (ou seja, créditos que superam o valor dos débitos), esses créditos podem ser compensados com outros tributos federais devidos pela empresa. A compensação é feita por meio da P**er/Dcomp (Pedido Eletrônico de Restituição, Ressarcimento ou Reembolso e Declaração de Compensação)** no portal e-CAC da Receita Federal.

No Per/Dcomp, a empresa informa o valor do crédito acumulado e escolhe qual tributo deseja compensar (como IRPJ, CSLL ou IPI).

Restituição

Em casos onde a empresa não tem débitos suficientes para compensar os créditos apurados, ela pode solicitar a restituição dos créditos acumulados. A restituição também é solicitada via Per/Dcomp.

Após a solicitação, a Receita Federal analisa o pedido e, caso aprovado, devolve os valores para a empresa.

Base Legal para Utilização

A Lei nº 10.637/2002 e a Lei nº 10.833/2003 também regulam a forma de utilização dos créditos de PIS e COFINS. A Instrução normativa RFB nº 1.717/2017 de 17 de julho de 2017 estabelece as regras para compensação e restituição por meio do sistema Per/Dcomp.

Exemplo de Utilização

Uma empresa apura um crédito de R$ 10.000,00 sobre insumos em um determinado mês. Se o valor dos débitos de PIS e COFINS devidos no mesmo período for R$ 8.000,00, a empresa pode utilizar R$ 8.000,00 desse crédito para quitar o tributo, restando um saldo de R$ 2.000,00 que pode ser compensado com outros tributos ou restituído.

Análise prática

Os insumos são um elemento-chave para a recuperação de créditos de PIS e COFINS no regime não cumulativo, e sua correta identificação e apuração são essenciais para que a empresa possa se beneficiar desses créditos. O processo de recuperação envolve a análise da documentação fiscal e a aplicação das alíquotas legais, enquanto a utilização dos créditos ocorre principalmente via compensação com débitos ou outros tributos, ou por meio da restituição. Ao seguir a base técnica e legal, a empresa pode maximizar seus créditos e garantir a conformidade com as normas fiscais.

PRESTAÇÃO DE SERVIÇO

Os serviços prestados e contratados também podem gerar créditos de PIS e COFINS, dependendo de fatores como a origem, o regime tributário e os contratos firmados.

> **NESTE CAPÍTULO, DETALHAREMOS COMO IDENTIFICAR OS CRÉDITOS GERADOS PELA PRESTAÇÃO DE SERVIÇOS E OS ASPECTOS LEGAIS QUE DEVEM SER OBSERVADOS PARA GARANTIR A CONFORMIDADE NA APURAÇÃO DESSES CRÉDITOS.**

No contexto de PIS e COFINS, a prestação de serviços é um dos aspectos essenciais para a apuração de créditos no regime não cumulativo.

Empresas que contratam ou fornecem serviços devem entender como a **origem dos serviços, os contratos firmados, e o regime tributário** impactam a recuperação de créditos e a aplicação correta das regras fiscais.

Origem

A origem da prestação de serviços refere-se à natureza e à relação do serviço prestado ou contratado com a atividade econômica principal da empresa. A análise da origem é fundamental para determinar se uma determinada prestação de serviços é essencial ou relevante para as operações da empresa e, consequentemente, se gera crédito de PIS e COFINS no regime não cumulativo.

Aplicação no Contexto de Recuperação de Créditos

Serviços Essenciais: Serviços que são diretamente utilizados na atividade fim da empresa podem gerar crédito de PIS e COFINS. Isso inclui serviços diretamente relacionados ao processo produtivo ou à prestação de serviços pela empresa.

Exemplo: Uma empresa de construção civil pode apurar créditos de PIS e COFINS sobre serviços de engenharia, arquitetura e consultoria técnica, já que esses serviços são essenciais para a conclusão de seus projetos.

Serviços Relevantes: Mesmo que o serviço não seja diretamente utilizado na produção ou na prestação de serviços, ele pode ser considerado relevante e gerar crédito, desde que contribua de forma significativa para a eficiência ou continuidade das operações da empresa.

Exemplo: Serviços de manutenção de máquinas e equipamentos podem ser considerados relevantes, pois sem eles o processo produtivo poderia ser prejudicado.

Base Legal

A definição da origem dos serviços como geradores de crédito de PIS e COFINS está fundamentada na **Lei nº 10.637/2002 (PIS) e Lei nº 10.833/2003 (COFINS).** A jurisprudência do **Superior Tribunal de Justiça (STJ) no REsp nº 1.221.170** também é um marco importante, pois amplia a interpretação de insumos e serviços que geram crédito com base nos critérios de essencialidade e relevância.

Contratos

Os contratos de prestação de serviços são documentos essenciais no processo de recuperação de créditos de PIS e COFINS. Eles formalizam as condições da contratação e a natureza do serviço, fornecendo as bases para a apuração de créditos, especialmente em operações mais complexas ou continuadas.

Aplicação no Contexto de Recuperação de Créditos:

1. Formalização dos Serviços

A existência de um contrato formal entre as partes é crucial para demonstrar a natureza e o escopo do serviço prestado. Isso permite identificar claramente se o serviço está vinculado à atividade principal da empresa e, portanto, se ele pode gerar créditos de PIS e COFINS.

Além das notas fiscais, os contratos são documentos que podem ser exigidos em auditorias ou fiscalizações para comprovar a validade do crédito apurado.

2. Cláusulas de Preço e Faturamento

Os contratos devem detalhar o preço do serviço prestado, o cronograma de faturamento e os pagamentos correspondentes. Esses valores servirão como base de cálculo para a apuração dos créditos de PIS e COFINS.

O valor faturado (presente nas notas fiscais) deve ser diretamente relacionado ao contrato, facilitando a demonstração de como o crédito foi apurado.

Serviços Continuados ou Contratos de Longo Prazo

Em contratos de serviços continuados ou contratos de longo prazo (como contratos de manutenção ou prestação de serviços terceirizados), a apuração de créditos deve ser feita de forma proporcional, conforme os serviços são prestados e faturados ao longo do tempo.

O contrato ajuda a organizar essa apuração de maneira sistemática, evitando o risco de apropriação indevida de créditos.

Base Legal

A formalização de contratos de prestação de serviços e a sua relação com a apuração de créditos de PIS e COFINS também segue as regras estabelecidas pelas Leis nº 10.637/2002 e nº 10.833/2003.

A Instrução Normativa 404 SRF, de 12-3-2004, publicada na página 28 do DO-U, Seção 1, de 15-3-2004também normatiza a utilização de créditos sobre serviços, detalhando como eles devem ser apurados e vinculados à atividade da empresa.

Regime Tributário

O regime tributário da empresa define a forma como os créditos de PIS e COFINS são apurados e utilizados, especialmente em relação à prestação de serviços. A empresa pode estar sujeita ao Lucro Real, Lucro Presumido ou Simples Nacional, e cada regime tem implicações específicas na apuração de créditos.

Aplicação no Contexto de Recuperação de Créditos

1. Lucro Real (Regime Não Cumulativo)

No Lucro Real, as empresas apuram PIS e COFINS no regime não cumulativo, o que permite a recuperação de créditos sobre a contratação de serviços essenciais ou relevantes para a atividade econômica da empresa.

Serviços como consultoria técnica, manutenção de equipamentos, engenharia, e outros diretamente ligados à produção ou operação principal geram créditos de PIS e COFINS.

O valor dos créditos é calculado aplicando as alíquotas de 1,65% para PIS e 7,6% para COFINS sobre o valor pago pelos serviços contratados.

2. Lucro Presumido (Regime Cumulativo)

No regime de Lucro Presumido, as empresas apuram PIS e COFINS no regime cumulativo, o que limita a possibilidade de recuperação de créditos.

Nesse regime, os serviços contratados não geram créditos de PIS e COFINS, já que o tributo é calculado diretamente sobre o faturamento da empresa, sem a compensação de créditos sobre aquisições ou contratações.

3. Simples Nacional

Empresas optantes pelo Simples Nacional recolhem PIS e COFINS de forma unificada no DAS (Documento de Arrecadação do Simples Nacional). Assim, não há possibilidade de apuração de créditos de PIS e COFINS, uma vez que o regime simplifica o recolhimento de tributos e não permite a recuperação de créditos sobre serviços contratados.

Base Legal

O Lucro Real segue as normas da **Lei nº 10.637/2002 (PIS) e Lei nº 10.833/2003 (COFINS)**, que tratam da apuração de créditos no regime não cumulativo.

O Lucro Presumido é regido pelo Decreto-Lei nº 1.598/1977, que prevê a apuração simplificada sem a possibilidade de compensação de créditos.

O Simples Nacional é regulamentado pela Lei Complementar nº 123/2006, que unifica a tributação sem apuração de créditos.

Análise Técnica

A prestação de serviços é um elemento central na apuração de créditos de PIS e COFINS no regime não cumulativo, especialmente quando os serviços contratados são essenciais ou relevantes para a atividade da empresa.

A origem dos serviços e sua vinculação ao processo produtivo ou à prestação de serviços principal da empresa determinam se geram ou não créditos.

A formalização por meio de contratos detalhados é crucial para garantir a correta apuração e aproveitamento dos créditos, oferecendo respaldo documental em auditorias e fiscalizações.

Além disso, o regime tributário ao qual a empresa está submetida define se ela pode recuperar créditos sobre os serviços contratados, sendo o Lucro Real o regime mais vantajoso para esse fim, enquanto o Lucro Presumido e o Simples Nacional limitam ou excluem essa possibilidade.

MONOFÁSICOS

Neste capítulo, vou apresentar a respeito do regime de tributação monofásico, que possui características específicas para a apuração de PIS e COFINS. Você vai aprender como identificar produtos sujeitos à monofasia, como calcular os créditos e quais são as possibilidades de recuperação.

> “O OBJETIVO É ESCLARECER AS PARTICULARIDADES DESSE REGIME E COMO ELE PODE IMPACTAR A RECUPERAÇÃO DE CRÉDITOS DE FORMA ESTRATÉGICA.”

O regime de tributação monofásica de PIS e COFINS aplica-se a determinados setores econômicos, onde a responsabilidade pelo recolhimento do tributo está concentrada em um único ponto da cadeia produtiva ou de comercialização, normalmente o fabricante ou o importador. Isso implica que as demais empresas da cadeia (distribuidores, atacadistas e varejistas) não recolhem PIS e COFINS sobre a venda de produtos sujeitos à monofásica, mas também não podem apurar créditos sobre essas operações. Entender como identificar os produtos sujeitos ao regime monofásico, calcular os tributos corretamente e a recuperação de créditos é crucial para garantir a conformidade fiscal.

Identificação

A identificação dos produtos sujeitos à tributação monofásica é o primeiro passo para compreender o impacto desse regime nas operações da empresa. O regime monofásico aplica-se principalmente a produtos de determinados setores, como:

- Combustíveis (gasolina, óleo diesel etc.).
- Medicamentos e produtos farmacêuticos.
- Cosméticos e produtos de higiene pessoal.
- Automóveis e autopeças.
- Bebidas (cervejas, refrigerantes etc.).

Aplicação no Contexto de Recuperação de Créditos

Produtos Sujeitos à Monofásica: Os produtos sujeitos ao regime monofásico são listados em legislação específica. Para identificar se um produto está sujeito ao regime monofásico de PIS e COFINS, é necessário verificar as NCM (Nomenclatura Comum do Mercosul) correspondentes no produto e consultar as regulamentações associadas ao setor.

Não-Cumulatividade e Monofásica: Embora a empresa possa operar sob o regime não cumulativo, os produtos vendidos sob o regime monofásico não permitem a apuração de créditos de PIS e COFINS sobre essas vendas, uma vez que o tributo já foi recolhido na fase anterior (fabricante ou importador).

Base Legal

A tributação monofásica está prevista nas Leis nº 10.637/2002 (PIS) e nº 10.833/2003 (COFINS), que definem o regime monofásico e os produtos sujeitos a ele.

Decretos e instruções normativas da Receita Federal, como a Instrução normativa RFB nº 1.091/2010, detalham os produtos e operações sujeitos ao regime monofásico.

Exemplo de Identificação

Uma empresa que comercializa cosméticos pode verificar que a NCM 3304.10.00 (produtos de maquiagem) está sujeita à tributação monofásica. Isso significa que, ao vender esses produtos, a empresa não deve recolher PIS e COFINS, pois o fabricante já o fez.

Cálculo

No regime monofásico, o cálculo do PIS e COFINS ocorre de forma concentrada na etapa inicial da cadeia (fabricante ou importador), com uma alíquota majorada em relação às alíquotas normais. As demais etapas da cadeia (distribuidores e varejistas) ficam desoneradas da incidência do tributo.

Aplicação no Contexto de Cálculo:

1. Alíquota Monofásica

As alíquotas aplicáveis no regime monofásico são mais altas do que as alíquotas usuais do **PIS (1,65%) e COFINS (7,6%)** no regime não cumulativo. Por exemplo, para o setor de combustíveis, a alíquota pode chegar a **9,25% (1,65% para PIS e 7,6% para COFINS).**

A alíquota específica varia de acordo com o setor e o produto. As legislações setoriais ou decretos específicos definem a alíquota monofásica para cada categoria de produto.

2. Fase Única de Tributação

O fabricante ou importador recolhe o PIS e COFINS sobre o valor de venda ou de importação dos produtos, aplicando a alíquota majorada.

Nas fases seguintes (distribuição e varejo), não há incidência de PIS e COFINS sobre a venda desses produtos.

3. Cálculo na Prática

Para um fabricante de medicamentos sujeito à monofásica, a apuração é feita aplicando a alíquota majorada sobre o valor de venda dos medicamentos. Suponha que a alíquota seja de 9,25% (1,65% de PIS e 7,6% de COFINS) e o valor de venda seja R$ 100.000,00:

PIS: R$ 100.000,00 x 1,65% = R$ 1.650,00.

COFINS: R$ 100.000,00 x 7,6% = R$ 7.600,00.

Total a recolher de PIS e COFINS: R$ 9.250,00.

4. Impossibilidade de Crédito

As empresas que vendem produtos sujeitos à monofásica não podem apurar créditos de PIS e COFINS sobre essas vendas, uma vez que o tributo já foi recolhido no início da cadeia. Portanto, o cálculo de créditos deve excluir as operações com produtos monofásicos.

Base Legal

A base de cálculo e as alíquotas aplicáveis ao regime monofásico estão definidas nas Leis nº 10.637/2002 e nº 10.833/2003, bem como em decretos e normas específicas por setor.

A IN RFB nº 1.091/2010 também trata das operações sujeitas ao regime monofásico e as alíquotas específicas para cada tipo de produto.

Recuperação

A recuperação de créditos de PIS e COFINS no regime monofásico segue uma lógica diferente da apuração tradicional de créditos no regime não cumulativo. Empresas que operam com produtos sujeitos à monofásica não podem apurar créditos sobre as aquisições e vendas desses produtos, mas podem apurar créditos sobre outros insumos e serviços não vinculados a produtos monofásicos.

Aplicação no Contexto de Recuperação de Créditos:

1. Créditos Permitidos:

Embora as vendas de produtos monofásicos não permitam a apuração de créditos de PIS e COFINS, a empresa pode apurar créditos sobre outras despesas operacionais que não estejam diretamente ligadas a produtos monofásicos.

Por exemplo, a empresa pode apurar créditos sobre a aquisição de energia elétrica, aluguel de imóveis ou serviços administrativos.

2. Segregação das Operações:

Para que a empresa recupere créditos de maneira correta, é necessário que as operações com produtos monofásicos sejam segregadas das demais operações. O sistema de apuração deve ser configurado para não gerar créditos indevidos sobre produtos monofásicos.

A EFD-Contribuições (Escrituração Fiscal Digital) deve refletir essa segregação, com o lançamento correto das operações monofásicas no Bloco C e dos créditos no Bloco M.

3. Recuperação via Compensação:

Após apurar os créditos legítimos sobre despesas e insumos que não estão ligados à monofásica, a empresa pode utilizar esses créditos para compensar débitos de PIS e COFINS sobre outras operações ou tributos federais, utilizando o Per/Dcomp.

Se os créditos forem superiores aos débitos, a empresa pode solicitar a restituição dos créditos acumulados, também via Per/Dcomp.

Base Legal:

A Lei nº 10.637/2002 (PIS) e a Lei nº 10.833/2003 (COFINS) tratam da impossibilidade de apuração de créditos sobre operações monofásicas, mas permitem a apuração de créditos sobre outras despesas operacionais que não envolvam produtos monofásicos.

A segregação e recuperação de créditos no contexto da monofásica também está detalhada em instruções normativas da Receita Federal, como a Instrução normativa RFB nº 1.252/2012 de 01 de março de 2012.

Art. 1º Esta Instrução Normativa regula a Escrituração Fiscal Digital da Contribuição para o PIS/Pasep, da Contribuição para o Financiamento da Seguridade Social (Cofins) e da Contribuição Previdenciária sobre a Receita, que se constitui em um conjunto de escrituração de documentos fiscais e de outras operações e informações de interesse da Secretaria da Receita Federal do Brasil, em arquivo digital, bem como no registro de apuração das referidas contribuições, referentes às operações e prestações praticadas pelo contribuinte.

capítulo I das Disposições Gerais

Art. 2º A Escrituração Fiscal Digital da Contribuição para o PIS/Pasep e da Contribuição para o Financiamento da Seguridade Social (Cofins) - (EFD-PIS/Cofins), instituída pela Instrução Normativa RFB nº 1.052, de 5 de julho de 2010, passa a denominar-se Escrituração Fiscal Digital das Contribuições incidentes sobre a Receita (EFD-Contribuições), a qual obedecerá ao disposto na presente Instrução Normativa, devendo ser observada pelos contribuintes da:

I - Contribuição para o PIS/Pasep;

II - Cofins; e

III - Contribuição Previdenciária incidente sobre a Receita de que tratam os arts. 7º a 9º da Lei nº 12.546, de 14 de dezembro de 2011.

Art. 3º A EFD-Contribuições emitida de forma eletrônica deverá ser assinada digitalmente pelo representante legal da empresa ou procurador constituído nos termos da Instrução Normativa RFB nº 944, de 29 de maio de 2009, utilizando-se de certificado digital válido, emitido por entidade credenciada pela Infraestrutura de Chaves Públicas Brasileira (ICP-Brasil), que não tenha sido revogado e que ainda esteja dentro de seu prazo de validade, a fim de garantir a autoria do documento digital.

Parágrafo único. A EFD-Contribuições de que trata o caput deverá ser transmitida, ao Sistema Público de Escrituração Digital (Sped), instituído pelo Decreto nº 6.022, de 22 de janeiro de 2007, pelas pessoas jurídicas a ela obrigadas nos termos desta Instrução Normativa e será considerada válida após a confirmação de recebimento do arquivo que a contém.

Exemplo de Recuperação:

Uma distribuidora de medicamentos vende produtos sujeitos ao regime monofásico, mas contrata serviços administrativos e paga aluguel de imóveis. A empresa pode apurar créditos de PIS e COFINS sobre esses serviços e compensar com débitos de outras operações não monofásicas ou com outros tributos federais.

Análise Técnica

O regime de tributação monofásica concentra o recolhimento de PIS e COFINS em um único ponto da cadeia produtiva, o que desonera as etapas subsequentes da cobrança desses tributos.

Empresas que vendem produtos sujeitos à monofásica devem identificar corretamente esses produtos e aplicar as alíquotas majoradas no cálculo do tributo. Embora não possam apurar créditos de PIS e COFINS

CUMULATIVO

O regime cumulativo é caracterizado pela ausência de possibilidade de compensação de créditos em determinadas situações. Neste capítulo, você vai aprender como ocorre a apuração de PIS e COFINS no regime cumulativo, os aspectos legais que determinam sua aplicação e os erros mais comuns cometidos ao optar por este regime.

> **“TER ORIENTAÇÕES SOBRE COMO EVITAR FALHAS, GARANTE QUE OS TRIBUTOS SEJAM PAGOS DE FORMA ADEQUADA.”**

O regime cumulativo de PIS e COFINS é uma modalidade em que não há a possibilidade de compensação de créditos sobre despesas com insumos e outras aquisições.

Ele se aplica a determinados regimes tributários e setores econômicos, impactando diretamente a forma como as empresas apuram e recolhem esses tributos. Neste capítulo, abordaremos a apuração no regime cumulativo, o impacto do regime tributário na escolha do regime, a indisponibilidade de recuperação de créditos e os erros comuns ao optar por esse regime.

Apuração

No regime cumulativo, a apuração de PIS e COFINS é simplificada. A empresa recolhe os tributos com base em sua receita bruta, sem a possibilidade de deduzir ou compensar créditos gerados pela aquisição de insumos, serviços, ou outras despesas. O recolhimento é feito sobre o total das receitas auferidas pela empresa em cada período, sem levar em conta as despesas relacionadas à atividade econômica.

Aplicação no Contexto de Apuração:

1. Alíquotas Reduzidas:

As alíquotas de PIS e COFINS no regime cumulativo são menores do que as aplicadas no regime não cumulativo, sendo:

PIS: 0,65%.

COFINS: 3%.

No entanto, mesmo com alíquotas menores, o tributo incide sobre o total da receita bruta, o que pode resultar em um ônus fiscal maior para empresas que têm grandes despesas operacionais, já que não há possibilidade de compensação de créditos.

2. Base de Cálculo

A base de cálculo é a receita bruta auferida pela empresa em suas atividades. Isso inclui a totalidade das receitas de vendas de produtos ou prestação de serviços, sem a dedução de insumos, despesas ou outros custos operacionais.

3. Periodicidade

A apuração no regime cumulativo é feita mensalmente, e os valores devidos de PIS e COFINS são recolhidos sobre as receitas daquele mês.

Base Legal

A apuração de PIS e COFINS no regime cumulativo está amparada pelo Decreto-Lei nº 1.598/1977 e pela Lei nº 9.718/1998, que regulamentam a tributação sobre a receita bruta sem a possibilidade de créditos.

Exemplo de Apuração:

Uma empresa de serviços optante pelo Lucro Presumido tem uma receita bruta mensal de R$ 200.000,00. No regime cumulativo, a apuração de PIS e COFINS seria:

PIS: R$ 200.000,00 x 0,65% = R$ 1.300,00.

COFINS: R$ 200.000,00 x 3% = R$ 6.000,00.

Total a recolher de PIS e COFINS: R$ 7.300,00.

Regime Tributário

O regime cumulativo de PIS e COFINS está diretamente vinculado ao regime tributário da empresa. A escolha do regime tributário influencia a forma de apuração dos tributos e, consequentemente, a possibilidade (ou não) de recuperar créditos. As empresas no Lucro Presumido e no Simples Nacional são normalmente tributadas pelo regime cumulativo, enquanto as empresas no Lucro Real geralmente utilizam o regime não cumulativo.

Aplicação no Contexto de Regime Tributário:

1. Lucro Presumido:

No Lucro Presumido, a maioria das empresas apura PIS e COFINS no regime cumulativo. Isso significa que elas não podem recuperar créditos sobre despesas com insumos, serviços ou quaisquer outros custos relacionados à atividade empresarial.

A tributação ocorre diretamente sobre a receita bruta, com as alíquotas reduzidas, mas sem a compensação de valores pagos em fases anteriores da cadeia de produção ou comercialização.

2 .Simples Nacional:

As empresas no Simples Nacional também recolhem PIS e COFINS de forma cumulativa, mas de maneira simplificada, com todos os tributos unificados no DAS (Documento de Arrecadação do Simples Nacional).

No Simples Nacional, as empresas não apuram créditos de PIS e COFINS separadamente, já que a tributação ocorre de forma conjunta com outros impostos.

3. Lucro Real (Exceção):

Empresas que apuram seus tributos pelo Lucro Real normalmente seguem o regime não cumulativo para PIS e COFINS. No entanto, algumas atividades específicas, como receitas financeiras ou atividades sujeitas ao regime monofásico, podem ser tributadas pelo regime cumulativo, mesmo dentro do Lucro Real.

Base Legal:

A regulamentação do regime cumulativo está prevista na Lei nº 9.718/1998 e no Decreto-Lei nº 1.598/1977, enquanto o Simples Nacional é regido pela Lei Complementar nº 123/2006, que unifica a tributação sem permitir a apuração de créditos de PIS e COFINS.

Exemplo de Regime Tributário:

Uma empresa de varejo optante pelo Lucro Presumido apura PIS e COFINS no regime cumulativo, recolhendo os tributos diretamente sobre sua receita bruta, sem apurar créditos sobre insumos ou outros custos.

Indisponibilidade de Recuperação

Uma característica fundamental do regime cumulativo de PIS e COFINS é a indisponibilidade de recuperação de créditos. As empresas que apuram seus tributos nesse regime não podem recuperar créditos sobre a aquisição de insumos, bens, serviços ou despesas operacionais, como ocorre no regime não cumulativo.

Aplicação no Contexto de Indisponibilidade de Recuperação:

1. Impossibilidade de Apuração de Créditos

No regime cumulativo, a empresa não pode apurar créditos de PIS e COFINS sobre insumos, serviços contratados ou outros bens adquiridos. A tributação incide diretamente sobre a receita bruta, sem compensação com despesas anteriores ou custos incorridos na operação.

2. Setores com Regime Cumulativo

Diversos setores econômicos estão sujeitos ao regime cumulativo de PIS e COFINS, especialmente empresas que atuam no comércio, prestação de serviços e que são tributadas pelo Lucro Presumido ou Simples Nacional.

Empresas que lidam com produtos sujeitos à substituição tributária ou monofásica também não podem apurar créditos, pois o tributo é recolhido em uma única fase da cadeia produtiva.

3. Impacto Fiscal

A indisponibilidade de recuperação de créditos no regime cumulativo pode representar um aumento da carga tributária para empresas que possuem muitos custos com insumos e serviços. Nesses casos, o regime não cumulativo pode ser mais vantajoso, pois permite a compensação de créditos com os débitos de PIS e COFINS.

Base Legal

A Lei nº 9.718/1998 estabelece que no regime cumulativo não há recuperação de créditos de PIS e COFINS, uma vez que o tributo é apurado diretamente sobre a receita bruta.

Exemplo de Indisponibilidade de Recuperação:

Uma empresa de consultoria optante pelo Lucro Presumido não pode recuperar créditos de PIS e COFINS sobre suas despesas com aluguel de escritórios ou contratação de serviços de TI, pois o regime cumulativo não permite a compensação de créditos.

Erros Comuns ao Escolher o Regime

Ao optar pelo regime cumulativo ou não cumulativo de PIS e COFINS, algumas empresas cometem erros estratégicos que podem resultar em desvantagens fiscais ou até mesmo autuações.

Esses erros geralmente envolvem a falta de análise adequada das características do regime cumulativo e de como ele impacta a apuração de tributos.

1. Escolha Inadequada do Regime Cumulativo

Um erro frequente é optar pelo regime cumulativo sem considerar adequadamente o perfil de custos da empresa. Empresas que têm grandes despesas com insumos, serviços e outros custos operacionais muitas vezes se beneficiariam mais do regime não cumulativo, que permite a apuração de créditos sobre essas despesas.

Exemplo: Uma indústria com altos custos de produção pode perder a oportunidade de compensar esses custos se optar pelo regime cumulativo.

2. Falta de Segregação de Atividades

Algumas empresas realizam tanto atividades sujeitas ao regime cumulativo quanto ao regime não cumulativo. A falta de segregação adequada das atividades pode levar à apuração incorreta dos tributos e ao não aproveitamento de créditos que seriam permitidos em algumas operações.

Exemplo: Uma empresa que realiza tanto vendas de produtos (cumulativo) quanto prestação de serviços (não cumulativo) deve segregar essas operações para apurar corretamente os tributos.

3. Subestimar o Impacto da Indisponibilidade de Créditos

Empresas muitas vezes subestimam o impacto de não poder apurar créditos no regime cumulativo. Isso é particularmente prejudicial para empresas que dependem da aquisição de insumos ou serviços para suas operações, pois não conseguem compensar esses custos com os tributos devidos.

Exemplo: Uma empresa de transporte que gasta grandes somas com combustível e manutenção pode enfrentar uma carga tributária mais alta ao optar pelo regime cumulativo, pois não poderá compensar esses custos.

Base Legal

O Decreto-Lei nº 1.598/1977 e a Lei nº 9.718/1998 estabelecem as regras de apuração do regime cumulativo, enquanto o Simples Nacional é regulado pela Lei Complementar nº 123/2006.

Exemplo de Erro Comum

Uma empresa opta pelo regime cumulativo sem considerar que, com grandes despesas operacionais, ela teria uma carga tributária menor no regime não cumulativo, onde poderia recuperar créditos sobre suas aquisições.

Análise técnica

O regime cumulativo de PIS e COFINS apresenta uma forma simplificada de apuração, onde os tributos são calculados diretamente sobre a receita bruta, sem a possibilidade de compensação de créditos sobre despesas e aquisições. Embora as alíquotas sejam menores, a indisponibilidade de recuperação de créditos pode ser um fator crítico para empresas com grandes volumes de despesas operacionais. Além disso, a escolha inadequada do regime tributário pode resultar em custos fiscais mais altos ou na perda de oportunidades de redução da carga tributária. Portanto, é essencial que as empresas façam uma análise cuidadosa de seu perfil antes de optar pelo regime cumulativo, para evitar erros comuns e maximizar sua eficiência tributária.

NÃO CUMULATIVO

O regime não cumulativo é aquele que permite a compensação de créditos de PIS e COFINS, proporcionando uma maior oportunidade de recuperação para as empresas.

> **NESTE CAPÍTULO, VAMOS EXPLORAR COMO OCORRE A APURAÇÃO NO REGIME NÃO CUMULATIVO, AS SITUAÇÕES EM QUE É POSSÍVEL APROVEITAR OS CRÉDITOS E AS ETAPAS PARA HABILITAR A COMPENSAÇÃO DE FORMA LEGAL E EFICAZ.**

O regime não cumulativo de PIS e COFINS permite que as empresas recuperem créditos gerados em suas operações com insumos, serviços, energia elétrica, aluguéis e outros custos operacionais. Esse regime é caracterizado pela possibilidade de deduzir os créditos apurados das contribuições devidas, garantindo um alívio fiscal significativo, especialmente para empresas com grandes despesas operacionais. A seguir, explicaremos como ocorre a apuração, o impacto do regime tributário, a possibilidade de recuperação de crédito e o processo de habilitação desses créditos.

Apuração

No regime não cumulativo, a apuração de PIS e COFINS se dá sobre a receita bruta, assim como no regime cumulativo, mas com uma diferença fundamental: a empresa pode deduzir créditos de PIS e COFINS gerados por determinadas despesas e aquisições realizadas em sua operação. O valor do tributo devido é calculado aplicando-se as alíquotas legais, subtraindo-se os créditos apurados com base nas aquisições de bens e serviços vinculados à atividade produtiva.

Aplicação no Contexto de Apuração:

1. Alíquotas:

As alíquotas no regime não cumulativo são maiores do que no regime cumulativo, sendo:

PIS: 1,65%.

COFINS: 7,6%.

Embora as alíquotas sejam maiores, o regime não cumulativo permite a compensação de créditos, o que, na prática, pode reduzir o valor final dos tributos a pagar.

2. Base de Cálculo:

A base de cálculo no regime não cumulativo é a receita bruta da empresa. Contudo, ao contrário do regime cumulativo, a empresa pode deduzir créditos apurados com base nas despesas com insumos, serviços, energia elétrica, aluguéis, entre outros itens diretamente relacionados à atividade.

3. Créditos Permitidos:

No regime não cumulativo, a empresa pode apurar créditos sobre:

- Insumos utilizados na fabricação de produtos ou na prestação de serviços.
- Serviços contratados diretamente vinculados à atividade produtiva.
- Energia elétrica utilizada nas operações.
- Aluguéis de imóveis e equipamentos utilizados na atividade da empresa.

O valor dos créditos apurados é subtraído do total de PIS e COFINS a recolher, reduzindo a carga tributária efetiva.

Base Legal

A apuração de créditos no regime não cumulativo é regulamentada pela Lei nº 10.637/2002 (PIS) e pela Lei nº 10.833/2003 (COFINS), que definem os itens que podem gerar créditos e as alíquotas aplicáveis.

Exemplo de Apuração

Uma empresa de manufatura tem uma receita bruta mensal de R$ 500.000,00. A apuração de PIS e COFINS no regime não cumulativo seria:

PIS: R$ 500.000,00 x 1,65% = R$ 8.250,00.

COFINS: R$ 500.000,00 x 7,6% = R$ 38.000,00.

Se a empresa apurar um crédito de R$ 10.000,00 sobre insumos, o valor a pagar seria:

PIS e COFINS: R$ 46.250,00 - R$ 10.000,00 (créditos) = R$ 36.250,00.

Regime Tributário

O regime tributário da empresa define se ela está sujeita ao regime cumulativo ou não cumulativo de PIS e COFINS. A maior parte das empresas tributadas pelo Lucro Real é obrigada a apurar PIS e COFINS no regime não cumulativo, o que permite a recuperação de créditos sobre as aquisições. Já as empresas no Lucro Presumido e no Simples Nacional geralmente são tributadas pelo regime cumulativo.

Aplicação no Contexto de Regime Tributário:

1. Lucro Real (Regime Não Cumulativo)

Empresas optantes pelo Lucro Real devem, em regra, apurar PIS e COFINS no regime não cumulativo. Isso significa que podem deduzir créditos gerados por despesas operacionais que estão diretamente ligadas à atividade econômica da empresa.

O Lucro Real é vantajoso para empresas que possuem grandes volumes de despesas operacionais, pois permite a compensação de créditos que reduzem o valor final a pagar de PIS e COFINS.

2. Lucro Presumido e Simples Nacional (Regime Cumulativo)

Empresas optantes pelo Lucro Presumido e pelo Simples Nacional geralmente apuram PIS e COFINS no regime cumulativo, o que não permite a recuperação de créditos. Nesses casos, os tributos são calculados diretamente sobre a receita bruta, com alíquotas menores, mas sem compensação de créditos.

3. Exceções

Algumas operações, como receitas financeiras no Lucro Real, podem ser tributadas pelo regime cumulativo, mesmo que a empresa esteja no Lucro Real, conforme determinado pelo Decreto nº 8.426/2015.

Base Legal

A obrigatoriedade de apuração no regime não cumulativo para empresas do Lucro Real está prevista nas Leis nº 10.637/2002 (PIS) e 10.833/2003 (COFINS), enquanto o Lucro Presumido e o Simples Nacional são regidos pela Lei Complementar nº 123/2006 e o Decreto-Lei nº 1.598/1977.

Exemplo de Regime Tributário:

Uma indústria optante pelo Lucro Real poderá recuperar créditos sobre a compra de insumos e despesas operacionais, reduzindo sua carga tributária final. Já uma empresa de serviços no Lucro Presumido não terá essa possibilidade, pois apura PIS e COFINS no regime cumulativo.

Possibilidade de Recuperação de Crédito

A recuperação de créditos é um dos principais benefícios do regime não cumulativo. As empresas podem compensar créditos de PIS e COFINS com os tributos devidos, utilizando despesas relacionadas à operação para reduzir o valor a pagar. Esses créditos são apurados sobre aquisições que impactam diretamente o processo produtivo ou a prestação de serviços.

Aplicação no Contexto de Recuperação de Crédito:

1. Créditos Apuráveis

A legislação permite a recuperação de créditos sobre uma série de despesas operacionais, incluindo:

- Insumos diretamente utilizados na produção de bens ou serviços.
- Serviços contratados relacionados à operação da empresa.
- Energia elétrica consumida na operação.
- Aluguéis de bens móveis e imóveis vinculados à atividade.

2. Compensação

Após apurar os créditos, a empresa pode compensá-los diretamente com os débitos de PIS e COFINS devidos no mesmo período. Se os créditos excederem os débitos, eles podem ser carregados para períodos futuros ou compensados com outros tributos federais via Per/Dcomp.

3. Restituição

Caso a empresa tenha créditos acumulados que não foram utilizados para compensação, ela pode solicitar a restituição desses valores, também por meio do Per/Dcomp.

Base Legal

A recuperação de créditos no regime não cumulativo está prevista nas Leis nº 10.637/2002 e 10.833/2003, que detalham os itens permitidos para apuração de créditos e como eles podem ser utilizados para compensação ou restituição.

Exemplo de Recuperação de Crédito:

Uma empresa de manufatura que apura créditos de R$ 10.000,00 sobre a compra de insumos pode deduzir esse valor dos R$ 40.000,00 de PIS e COFINS devidos no mês, resultando em um valor líquido a pagar de R$ 30.000,00.

Habilitação

A habilitação de créditos refere-se ao processo pelo qual a empresa demonstra e documenta os créditos de PIS e COFINS que pretende recuperar ou compensar. Esse processo envolve a escrituração correta dos documentos fiscais e a comprovação da relação entre as despesas e a atividade econômica da empresa.

Aplicação no Contexto de Habilitação:

1. Documentação

Para habilitar os créditos de PIS e COFINS, a empresa deve manter toda a documentação fiscal relacionada às despesas, incluindo notas fiscais, contratos, e comprovantes de pagamento. Esses documentos serão necessários para comprovar o direito ao crédito em caso de auditoria.

2. Escrituração

A empresa deve escriturar os créditos corretamente na EFD-Contribuições (Escrituração Fiscal Digital das Contribuições), no Bloco M, onde os créditos apurados são detalhados e vinculados às despesas correspondentes.

A escrituração correta é essencial para garantir que os créditos sejam habilitados e possam ser utilizados para compensação ou restituição.

3. Auditorias e Fiscalizações

A Receita Federal pode realizar auditorias ou solicitar esclarecimentos sobre os créditos habilitados pela empresa. Manter a documentação em ordem e realizar a escrituração correta é crucial para evitar questionamentos ou autuações.

Base Legal

A **Instrução normativa RFB nº 1.252/2012 de 01 de março de 2012 regulamenta** a escrituração e habilitação de créditos de PIS e COFINS, enquanto as **Leis nº 10.637/2002 e 10.833/2003** detalham os requisitos para apuração e habilitação de créditos.

Art. 6º A EFD-Contribuições deverá ser submetida ao Programa Validador e Assinador (PVA), especificamente desenvolvido para tal fim, a ser disponibilizado no sítio da Secretaria da Receita Federal do Brasil na Internet, no endereço , contendo, no mínimo, as seguintes funcionalidades:

I - Validação do arquivo digital da escrituração;

II - Assinatura digital;

III - visualização da escrituração;

IV - Transmissão para o Sped; e

V - Consulta à situação da escrituração.

Art. 7º A EFD-Contribuições será transmitida mensalmente ao Sped até o 10º (décimo) dia útil do 2º (segundo) mês subsequente ao que se refira a escrituração, inclusive nos casos de extinção, incorporação, fusão e cisão total ou parcial.

Parágrafo único. O prazo para entrega da EFD-Contribuições será encerrado às 23h59min59s (vinte e três horas, cinquenta e nove minutos e cinquenta e nove segundos), horário de Brasília, do dia fixado para entrega da escrituração.

Art. 8º O processamento do Pedido Eletrônico de Restituição, Ressarcimento ou Reembolso e Declaração de Compensação (PER/DCOMP), relativo a créditos da Contribuição para o PIS/Pasep e da Cofins, observará a ordem cronológica de entrega das EFD-Contribuições transmitidas antes do prazo estabelecido no art. 7º.

Art. 9º A apresentação da EFD-Contribuições, nos termos desta Instrução Normativa, e do Livro de Orientação do Leiaute da Escrituração Fiscal Digital da Contribuição para o PIS/Pasep, da Cofins e da Contribuição Previdenciária sobre a Receita, definido em Ato Declaratório Executivo (ADE), editado com base no art. 12, dispensa, em relação às mesmas informações, a exigência contida na Instrução Normativa SRF nº 86, de 22 de outubro de 2001.

Parágrafo único. A geração, o armazenamento e o envio do arquivo digital não dispensam o contribuinte da guarda dos documentos que deram origem às informações neles constantes, na forma e nos prazos estabelecidos pela legislação aplicável.

Exemplo de Habilitação:

Uma empresa que apura créditos sobre a compra de matérias-primas deve manter as notas fiscais dessas aquisições e registrar corretamente os valores na EFD-Contribuições, garantindo que os créditos estejam devidamente habilitados para compensação.

Análise Técnica

O regime não cumulativo de PIS e COFINS oferece a possibilidade de recuperação de créditos sobre uma ampla gama de despesas operacionais, como insumos, serviços e energia elétrica, o que pode resultar em uma redução significativa da carga tributária. A apuração desses créditos depende de uma correta escrituração fiscal e do regime tributário ao qual a empresa está sujeita, sendo o Lucro Real o principal regime que permite a recuperação de créditos. Além disso, a habilitação dos créditos exige a manutenção da documentação fiscal adequada e a correta escrituração na EFD-Contribuições, para que a empresa possa utilizar esses créditos de forma legal e eficiente, seja por compensação ou restituição.

PARECER TÉCNICO: RECUPERAÇÃO DE CRÉDITOS NO REGIME NÃO CUMULATIVO DE PIS E COFINS

O regime não cumulativo de PIS e COFINS foi instituído pelas Leis nº 10.637/2002 e nº 10.833/2003, com o intuito de permitir que as empresas apurem créditos sobre uma ampla gama de despesas relacionadas à atividade empresarial.

> “O PRINCIPAL OBJETIVO DESSE REGIME É MITIGAR A COMUTATIVIDADE TRIBUTÁRIA, POSSIBILITANDO A COMPENSAÇÃO DE CRÉDITOS ORIUNDOS DE DESPESAS NECESSÁRIAS AO DESENVOLVIMENTO DA ATIVIDADE-FIM DA EMPRESA.”

Contudo, para a correta apuração desses créditos e sua posterior utilização, é fundamental que a empresa esteja atenta aos procedimentos fiscais e às normativas vigentes.

1. Recuperação de Créditos no Regime Não Cumulativo

A legislação vigente permite a recuperação de créditos de PIS e COFINS sobre despesas operacionais essenciais à atividade econômica, tais como insumos, serviços, aluguéis, energia elétrica, entre outros. De acordo com o artigo 3º das referidas leis, insumos são todos os bens e serviços utilizados direta ou indiretamente na produção ou prestação de serviços, cuja utilização seja essencial para o processo produtivo.

A correta escrituração dos créditos é obrigatória, conforme a Instrução Normativa RFB nº 1.252/2012, que dispõe sobre a Escrituração Fiscal Digital das Contribuições (EFD-Contribuições). A não observância das exigências legais para a escrituração, bem como a ausência de documentação hábil e idônea, pode resultar na glosa de créditos, comprometendo a segurança jurídica da empresa quanto à utilização deles.

2. Regime Tributário e Escrituração

O principal regime tributário que permite a recuperação de créditos de PIS e COFINS é o Lucro Real. Esse regime possibilita que as empresas deduzam os créditos apurados das contribuições devidas, seja por compensação com débitos de outros tributos ou por restituição. A apuração correta dos créditos deve ser realizada mensalmente, com base nas notas fiscais de aquisição dos insumos e serviços.

As empresas que optam pelo Lucro Real precisam manter um controle rigoroso sobre a documentação fiscal e sobre o preenchimento correto da EFD-Contribuições, sob pena de perda do direito ao crédito. A habilitação dos créditos exige a conformidade com as regras estabelecidas pela Receita Federal, devendo ser acompanhada da documentação que comprove a origem e a natureza da despesa.

3. Normas Técnicas para Apuração e Lançamento de Créditos

A auditoria fiscal finaliza o processo de apuração dos créditos ao validar se os lançamentos fiscais estão adequados às normas de escrituração. De acordo com a Instrução Normativa RFB nº 1.717/2017, os créditos apurados podem ser utilizados para compensação com outros tributos administrados pela Receita Federal, por meio de Pedido Eletrônico de Restituição, Ressarcimento ou Reembolso e Declaração de Compensação (PER/DCOMP).

> **"A ADEQUAÇÃO TÉCNICA E O ATENDIMENTO ÀS REGRAS DE AUDITORIA SÃO ESSENCIAIS PARA QUE O LANÇAMENTO DOS CRÉDITOS SEJA RECONHECIDO PELA RECEITA FEDERAL."**

O método de apuração envolve a aplicação de critérios específicos para a definição do que pode ser considerado insumo, bem como a verificação de sua relevância no processo produtivo. Cabe à empresa realizar um mapeamento detalhado de seus custos e despesas, identificando quais são elegíveis para crédito.

Governança Tributária e Conclusão

A implementação de uma governança tributária eficiente, desenvolvida e aplicada com base nos princípios legais, é um diferencial competitivo para as empresas. O método de governança tributária, **conforme desenvolvido por Celso de Araújo e Agnaldo de Campos**, busca maximizar a recuperação de créditos de PIS e COFINS de maneira segura e dentro dos limites da legislação, evitando riscos de autuação e penalidades. Essa técnica envolve o uso de ferramentas de compliance fiscal, cruzamento de informações fiscais e contábeis, e a constante atualização sobre as normas tributárias.

ANÁLISE: TENHA LUCRO PAGANDO IMPOSTO DENTRO DA LEI

O correto manejo dos créditos de PIS e COFINS, aliado a uma estrutura de governança tributária eficaz, permite que as empresas aumentem sua lucratividade e mantenham-se em conformidade com as obrigações fiscais. Ao seguir as regras estabelecidas pela legislação e aplicar as melhores práticas de auditoria e apuração de créditos, a empresa pode reduzir sua carga tributária de forma legal, aproveitando ao máximo os benefícios fiscais oferecidos pelo regime não cumulativo.

Este parecer técnico é um guia para a utilização de créditos de PIS e COFINS, com a segurança jurídica necessária para mitigar riscos e maximizar os benefícios fiscais, sempre observando a legislação vigente e aplicando os métodos de governança tributária **desenvolvidos pelos experts Celso de Araújo e Agnaldo de Campos.**

Normas Técnicas para Apuração e Lançamento de Créditos: Evolução Normativa e Discussões Relevantes

A apuração e o lançamento de créditos de PIS e COFINS no regime não cumulativo são pautados por uma série de instruções normativas e leis que antecederam a Instrução Normativa RFB nº 1.717/2017, a qual regula o processo de habilitação de créditos para compensação ou restituição via PER/DCOMP. A seguir, exploramos as principais normas e discussões precedentes, bem como os temas mais relevantes abordados por especialistas e a Receita Federal do Brasil (RFB).

1. Lei nº 10.637/2002 e Lei nº 10.833/2003

Essas duas leis instituíram o regime não cumulativo de PIS e COFINS, permitindo a apropriação de créditos sobre determinadas despesas e custos diretamente relacionados às atividades da empresa. O artigo 3º das respectivas leis enumera os itens passíveis de crédito, incluindo:

- Insumos utilizados na produção de bens e na prestação de serviços;

- Energia elétrica, locação de bens e serviços utilizados pela empresa;
- Fretes pagos na venda de produtos e transporte de insumos;
- Serviços de transporte e armazenagem prestados por terceiros.

A definição de "insumos" foi amplamente discutida ao longo dos anos, com diversos julgados do Conselho Administrativo de Recursos Fiscais (CARF) e análises doutrinárias. O Ato Declaratório Interpretativo RFB nº 5/2018 e a Solução de Consulta COSIT nº 222/2017 tiveram relevância ao esclarecer que os insumos aptos a gerar créditos devem ser considerados essenciais ou relevantes para a atividade-fim da empresa.

2. Instrução Normativa SRF nº 600/2005

Essa instrução estabeleceu as primeiras diretrizes sobre a compensação de créditos de tributos federais, permitindo que créditos apurados no âmbito do PIS e da COFINS não cumulativos pudessem ser utilizados para compensar débitos de outros tributos administrados pela Receita Federal.

Ela foi pioneira no detalhamento dos procedimentos de compensação, mas apresentava uma burocracia elevada e exigências complexas de documentação, o que gerou a necessidade de posteriores aperfeiçoamentos nas normas subsequentes, culminando na evolução para a IN RFB nº 1.717/2017.

3. Instrução Normativa RFB nº 900/2008

A IN RFB nº 900/2008 trouxe disposições complementares sobre a escrituração e o controle dos créditos de PIS e COFINS, regulamentando o uso de créditos em pedidos de compensação por meio da PER/DCOMP, mas ainda era restritiva em relação à abrangência de quais tipos de despesas poderiam gerar créditos. Muitas empresas foram autuadas por erros na interpretação da norma, principalmente em relação ao conceito de insumo, o que gerou questionamentos recorrentes junto ao CARF.

4. Ato Declaratório Interpretativo RFB nº 5/2018

Esse Ato Declaratório foi um marco importante, pois buscou uniformizar a interpretação sobre a definição de "insumos" passíveis de crédito no âmbito do PIS e COFINS. Após anos de discussões e autuações, o Ato Declaratório esclareceu que o conceito de insumos deveria ser pautado pelos critérios de essencialidade ou relevância para o processo produtivo, conforme as atividades desenvolvidas por cada empresa.

Especialistas apontam que essa mudança trouxe maior segurança jurídica às empresas, pois alinhou o entendimento da Receita Federal à jurisprudência do Superior Tribunal de Justiça (STJ), especialmente à decisão tomada no julgamento do Recurso Especial nº 1.221.170/PR.

5. Soluções de Consulta COSIT e Discussões Relevantes

As Soluções de Consulta emitidas pela Receita Federal também desempenham papel fundamental na interpretação e aplicação da legislação. A **Solução de Consulta COSIT nº 222/2017** foi uma das mais relevantes, pois detalhou os critérios que devem ser observados para a apuração de créditos, reforçando a aplicação do conceito de insumos com base na atividade econômica e no grau de essencialidade.

Outra Solução importante é a **COSIT nº 191/2019**, que tratou da possibilidade de apuração de créditos sobre despesas de armazenagem e frete para bens vendidos, desde que os custos sejam comprovadamente necessários ao processo produtivo ou à prestação de serviços.

6. Instrução Normativa RFB nº 1.717/2017

A IN RFB nº 1.717/2017 consolidou as regras sobre o pedido de restituição, ressarcimento, reembolso e compensação de tributos federais administrados pela Receita Federal. Ela introduziu avanços significativos, incluindo:

- Simplificação dos procedimentos para envio de PER/DCOMP;
- Extensão das modalidades de tributos passíveis de compensação;
- Digitalização do processo de compensação, permitindo maior agilidade e controle sobre o trâmite dos pedidos.

Essa norma visa garantir que as empresas possam utilizar seus créditos de PIS e COFINS de maneira eficaz, desde que atendam aos requisitos estabelecidos e mantenham a documentação fiscal em conformidade.

Discussões Importantes e Análises da Receita Federal

A Receita Federal, por meio de suas análises e fiscalizações, sempre manteve um rigoroso controle sobre a apropriação de créditos no regime não cumulativo. Entre os principais pontos de discussão levantados pelos especialistas, destacam-se:

- **Critérios de Essencialidade e Relevância:** Como mencionado, a definição do que constitui "insumo" tem sido objeto de intensos debates. A Receita Federal, por vezes, adotava uma interpretação restritiva, considerando apenas os insumos diretamente vinculados ao processo produtivo como passíveis de gerar créditos, o que gerou divergências com o posicionamento do STJ.
- **Risco de Autuações:** Muitos especialistas alertam para o risco de autuações fiscais devido à interpretação equivocada das normas por parte das empresas. O cruzamento de informações fiscais por meio da EFD-Contribuições é um dos principais instrumentos utilizados pela Receita Federal para identificar inconsistências nos lançamentos de créditos.
- **Segurança Jurídica:** A evolução normativa e a interpretação constante das regras por parte da Receita Federal e dos tribunais superiores têm buscado aumentar a segurança jurídica na apuração de créditos. A correta escrituração e o acompanhamento da jurisprudência são fundamentais para evitar passivos fiscais.

Análise técnica

A evolução normativa sobre o regime não cumulativo de PIS e COFINS, acompanhada de análises e discussões doutrinárias e jurisprudências, trouxe maior clareza para as empresas quanto à apuração e utilização de créditos. A observância das normas técnicas, desde a Lei nº 10.637/2002 até a IN RFB nº 1.717/2017, é essencial para garantir a correta escrituração e utilização dos créditos de PIS e COFINS, minimizando riscos de autuação e assegurando o pleno direito ao crédito.

A governança tributária, conforme desenvolvida pelos especialistas Celso de Araújo e Agnaldo de Campos, é a chave para que as empresas possam ter lucro pagando impostos, sempre em conformidade com a lei. O método envolve um rigoroso controle dos procedimentos fiscais e o uso de técnicas de auditoria que garantam a correta apuração de créditos, gerando segurança jurídica e eficiência na gestão tributária.

Após a publicação da Instrução Normativa RFB nº 1.717/2017, diversas normas foram emitidas ou modificadas com o objetivo de aperfeiçoar e esclarecer ainda mais os procedimentos relacionados à compensação de créditos de PIS e COFINS. Essas mudanças ajudaram a aprimorar a segurança jurídica e a facilitar o cumprimento das obrigações tributárias pelas empresas.

Abaixo, estão as instruções normativas que vieram posteriormente e as principais melhorias implementadas.

1. Instrução Normativa RFB nº 1.810/2018

A IN RFB nº 1.810/2018 alterou e complementou a IN RFB nº 1.717/2017, trazendo importantes modificações no que diz respeito à compensação e ao ressarcimento de tributos. Dentre as principais alterações estão:

- **Melhoria no processo de compensação**: A IN nº 1.810/2018 simplificou e esclareceu os procedimentos para a compensação de créditos, ampliando as possibilidades de compensação com débitos de outros tributos federais, além de incluir novas modalidades de créditos que podem ser aproveitados.

- **Documentação digital**: Facilitou o envio eletrônico de documentos comprobatórios, dispensando a necessidade de envio físico e reforçando o uso do e-CAC para acompanhar os processos de compensação.
- **Prazo para análise de pedidos**: A norma reforçou os prazos para análise e resposta da Receita Federal em relação aos pedidos de compensação, garantindo maior previsibilidade para as empresas.

2. Instrução Normativa RFB nº 1.900/2019

A IN RFB nº 1.900/2019 fez ajustes pontuais, mas importantes, relacionados à apuração de créditos e à compensação. Entre as mudanças trazidas, estão:

- **Ajustes no procedimento PER/DCOMP**: Foi detalhado o procedimento para correção de erros no preenchimento do PER/DCOMP, garantindo que as empresas pudessem corrigir eventuais falhas sem perder o direito ao crédito.
- **Estabelecimento de parâmetros para a verificação de insumos:** A IN nº 1.900/2019 reforçou a aplicação dos conceitos de essencialidade e relevância na apuração de créditos sobre insumos, alinhando-se à jurisprudência do STJ e às orientações do Ato Declaratório Interpretativo RFB nº 5/2018.
- **Ajustes no conceito de prazo decadencial**: Trouxe esclarecimentos sobre o prazo decadencial para apresentação do PER/DCOMP, assegurando que as empresas tivessem maior clareza quanto ao tempo disponível para solicitar a compensação ou restituição.

3. Instrução Normativa RFB nº 1.932/2020

A IN RFB nº 1.932/2020 trouxe um conjunto de atualizações significativas, detalhando ainda mais o processo de restituição, ressarcimento e compensação de tributos, com foco em maior clareza para as empresas e mais eficiência nos procedimentos administrativos da Receita Federal. Entre as principais alterações, podemos destacar:

- **Simplificação dos procedimentos de compensação:** Houve um avanço na padronização dos documentos exigidos e na forma de envio, reduzindo a burocracia e garantindo maior celeridade no processamento de pedidos.
- **Aperfeiçoamento no controle de compensações:** Foram introduzidas novas funcionalidades para o acompanhamento, via e-CAC, dos pedidos de compensação e ressarcimento, permitindo uma maior transparência no trâmite das solicitações.
- **Inclusão de novas modalidades de créditos**: A norma também expandiu as modalidades de créditos passíveis de compensação, ampliando as possibilidades para que as empresas utilizem seus créditos acumulados de forma mais eficaz.

4. Instrução Normativa RFB nº 2.055/2021

A IN RFB nº 2.055/2021 introduziu novas modificações com o intuito de adequar os procedimentos de compensação às mudanças na legislação tributária e aos avanços tecnológicos implementados pela Receita Federal. Entre os principais pontos, estão:

- **Atualização dos procedimentos eletrônicos**: A IN nº 2.055/2021 reforçou o uso de plataformas digitais e trouxe avanços tecnológicos para a submissão dos pedidos de compensação, com foco em automação e cruzamento de dados para reduzir erros e fraudes.
- **Maior rigor nas análises de compensação**: A norma impôs critérios mais rigorosos na análise dos créditos declarados para compensação, exigindo maior detalhamento e clareza nas informações prestadas pelas empresas. Isso gerou um maior cuidado na escrituração fiscal por parte dos contribuintes.
- **Especificação dos tributos passíveis de compensação**: A IN também incluiu atualizações sobre quais tributos federais

poderiam ser compensados com os créditos apurados, trazendo mais segurança para as empresas ao realizar essas operações.

5. Instrução Normativa RFB nº 2.063/2022

A IN RFB nº 2.063/2022 foi uma das atualizações mais recentes e trouxe avanços importantes para as empresas no que diz respeito à apuração e utilização de créditos de PIS e COFINS. Dentre os principais pontos de melhoria, destacam-se:

- **Aprimoramento no conceito de insumos**: A norma clarificou ainda mais o conceito de insumos, atendendo às demandas do setor produtivo e às interpretações jurisprudências mais recentes. A definição de insumo ficou ainda mais detalhada, garantindo que empresas possam apurar corretamente seus créditos com base nos custos essenciais e relevantes.
- **Inovações no e-CAC:** Houve uma nova atualização no sistema de envio e acompanhamento de processos pelo e-CAC, facilitando a interação entre contribuintes e Receita Federal. O sistema agora realiza validações automáticas, reduzindo o risco de rejeição de pedidos por erros formais.
- **Créditos em processos administrativos**: A **IN nº 2.063/2022** trouxe melhorias no tratamento de créditos em processos administrativos, permitindo que empresas que tenham créditos em litígio possam apresentá-los com mais clareza e segurança durante o trâmite de processos judiciais ou administrativos.

Discussões Relevantes pela Receita Federal e Especialistas

Essas atualizações nas instruções normativas são resultado de uma série de discussões e análises promovidas pela Receita Federal em conjunto com especialistas tributários e o CARF.

Os principais temas debatidos incluem:

Créditos de insumos: A definição de insumos continua a ser um dos temas mais discutidos, especialmente após a decisão do STJ que consolidou o conceito de essencialidade. Essa jurisprudência moldou as mudanças recentes nas normas, tornando a apuração de créditos mais segura para as empresas.

Segurança jurídica: As mudanças introduzidas, principalmente com **a IN RFB nº 2.063/2022,** buscam oferecer maior segurança jurídica para as empresas no que diz respeito ao uso de créditos tributários, uma vez que regras mais claras evitam autuações indevidas e reduzem a litigiosidade.

Automação dos processos: A Receita Federal tem buscado constantemente a automação de seus sistemas para compensação e ressarcimento, o que foi aprimorado com essas atualizações normativas. Isso reduz o tempo de resposta e melhora a eficiência no processamento dos pedidos.

A Instrução Normativa RFB nº 2.214, de 02 de setembro de 2024, introduziu mudanças importantes e aperfeiçoamentos no processo de apuração e utilização de créditos de PIS e COFINS, bem como nas regras aplicáveis à compensação tributária. Essa nova IN reflete o esforço contínuo da Receita Federal em adaptar e modernizar o sistema tributário brasileiro, promovendo maior clareza, segurança jurídica e eficiência nos procedimentos fiscais.

A seguir, apresentamos as principais modificações introduzidas por essa norma e suas implicações para as empresas.

Principais Modificações da IN RFB nº 2.214/2024

1. Aperfeiçoamento na Definição de Insumos

A IN RFB nº 2.214/2024 aprofundou e detalhou ainda mais a definição de insumos para a apuração de créditos de PIS e COFINS, especialmente no que tange à aplicação dos conceitos de essencialidade e relevância. As empresas, agora, têm uma orientação mais clara sobre os critérios que devem ser observados para identificar quais bens e serviços são considerados insumos aptos para a geração de créditos, em conformidade com o entendimento consolidado no Recurso Especial nº 1.221.170/PR do STJ.

Critérios detalhados: A nova norma especifica que, para que um bem ou serviço seja considerado insumo, ele deve ser necessário para o desenvolvimento da atividade produtiva ou da prestação de serviços e estar diretamente vinculado à produção de bens ou à execução de serviços, sendo imprescindível para o processo econômico da empresa.

Análise setorial: A IN também determina que a análise da essencialidade e relevância deve ser feita conforme o setor de atuação da empresa, o que reduz o risco de autuações fiscais por parte da Receita Federal ao reconhecer a particularidade de cada atividade econômica.

2. Créditos sobre Despesas de Logística e Transporte

A IN RFB nº 2.214/2024 ampliou a abrangência de despesas que podem gerar créditos de PIS e COFINS, incluindo expressamente despesas de logística e transporte relacionadas à armazenagem de produtos e ao frete de insumos. Isso atende a uma demanda antiga de setores que dependem intensamente de operações logísticas, como a indústria de alimentos e o comércio varejista.

Frete e logística interna: Despesas com transporte de insumos até o estabelecimento industrial ou de serviços, bem como despesas com movimentação interna de mercadorias dentro dos centros de distribuição, passaram a ser creditáveis, desde que essenciais ao processo produtivo.

3. Créditos sobre Energia Elétrica e Outras Utilidades

Outra importante mudança introduzida pela IN RFB nº 2.214/2024 foi a ampliação dos créditos relacionados ao uso de energia elétrica, água e gás, desde que esses insumos sejam empregados diretamente na produção de bens ou na prestação de serviços. A norma deixou claro que esses créditos não se limitam às indústrias, mas se estendem também a outros setores intensivos em consumo de energia, como o comércio e os serviços de TI.

4. Procedimentos para Compensação de Créditos

A nova instrução normativa aprimorou os procedimentos de compensação de créditos tributários, facilitando o processo de compensação via PER/DCOMP e aumentando a agilidade na análise dos pedidos por parte da Receita Federal. Além disso, a IN nº 2.214/2024 introduziu um sistema de compensação automatizada, utilizando o cruzamento de dados fiscais para reduzir o tempo de processamento das compensações e ressarcimentos.

Automação e cruzamento de dados: A nova versão do sistema de compensação é mais eficiente e segura, minimizando a necessidade de interação humana, o que reduz erros e fraudes. A Receita Federal, agora, faz uso intensivo de algoritmos de cruzamento de informações fiscais e contábeis para verificar automaticamente a validade dos créditos declarados pelas empresas.

5. Prazo para Resposta da Receita Federal

A IN RFB nº 2.214/2024 reduziu o prazo máximo para a Receita Federal responder aos pedidos de compensação, passando de 360 para 180 dias, permitindo maior previsibilidade para as empresas. Caso o prazo seja descumprido, a compensação é automaticamente considerada homologada, exceto nos casos em que há indícios de irregularidades ou inconsistências no pedido.

6. Estímulo à Regularização Fiscal

Além de aprimorar os procedimentos de compensação e apuração de créditos, a IN RFB nº 2.214/2024 implementou incentivos para que empresas em situação de débitos tributários regularizem sua situação. A norma permite que empresas inadimplentes utilizem seus créditos de PIS e COFINS para quitar dívidas fiscais, desde que não estejam envolvidas em processos de sonegação fiscal ou fraude. Essa medida visa fortalecer a arrecadação e garantir que as empresas possam se manter regulares perante o Fisco.

7. Aperfeiçoamento na Escrituração Fiscal

A nova IN reforçou a necessidade de as empresas manterem uma escrituração fiscal digital precisa e detalhada, sobretudo na EFD-Contribuições. A Receita Federal introduziu novos campos no SPED para o registro de créditos apurados de PIS e COFINS, o que facilitará o cruzamento automático de dados e a identificação de possíveis erros ou inconsistências nos registros fiscais.

Integração com o e-CAC: Agora, as empresas podem acompanhar todo o processo de apuração, restituição e compensação de créditos por meio do e-CAC, o que garante maior transparência e segurança jurídica no processo. Isso também permite que as empresas corrijam eventuais falhas em seus pedidos de forma ágil e eficiente.

CONCLUSÃO

As recentes alterações e aprimoramentos introduzidos nas instruções normativas, especialmente as que sucederam a IN RFB nº 1.717/2017, tais como a IN RFB nº 2.055/2021 e a IN RFB nº 2.079/2022, demonstram o empenho contínuo da Receita Federal do Brasil em modernizar e aprimorar os processos de apuração e compensação de créditos tributários. Esse esforço normativo visa consolidar um ambiente fiscal mais dinâmico e desafiador, alinhado com as exigências contemporâneas do compliance e da governança corporativa, promovendo maior transparência, eficiência e segurança jurídica.

O aprimoramento dos procedimentos administrativos e o alinhamento das regras com a jurisprudência dominante, notadamente no âmbito do Superior Tribunal de Justiça e do Supremo Tribunal Federal, reforçam pilares essenciais da governança tributária, contribuindo para a mitigação de riscos de passivos fiscais e proporcionando às empresas uma oportunidade estratégica de otimizar a utilização dos créditos de PIS e COFINS. Tal otimização, em conformidade com a legislação vigente e as instruções normativas aplicáveis, é crucial para a redução legítima da carga tributária.

> **“CONTUDO, O SUCESSO NA IMPLEMENTAÇÃO DESSAS ESTRATÉGIAS NÃO ADVÉM UNICAMENTE DA OBSERVÂNCIA FORMAL DOS DISPOSITIVOS NORMATIVOS, MAS SIM DE UMA ABORDAGEM ESTRATÉGICA E INTEGRADA DE GOVERNANÇA TRIBUTÁRIA.”**

Nesse sentido, **as técnicas apresentadas neste livro, (desenvolvidas pelos autores: Celso de Araújo e Agnaldo de Campos)** fornecem diretrizes seguras para que as empresas não apenas cumpram rigorosamente suas obrigações fiscais, mas façam isso de maneira eficiente, transformando o ambiente tributário complexo em uma verdadeira alavanca de vantagem competitiva. Essas práticas reforçam a importância de uma estrutura de compliance robusta, capaz de assegurar o pagamento correto dos tributos e, simultaneamente, gerar valor agregado por meio da gestão eficiente dos créditos fiscais.

Em última instância, o mérito maior não se restringe ao mero cumprimento das obrigações fiscais, mas sim em realizar esse cumprimento de forma estratégica e rentável. Maximizar o aproveitamento de créditos tributários é uma prática que exige profundo conhecimento técnico, rigor contábil e uma sólida estrutura de governança tributária. Essa combinação resulta em um ciclo virtuoso no qual a conformidade fiscal se converte em vantagem competitiva, permitindo que as empresas operem com segurança jurídica, mantenham uma gestão fiscal saudável e reduzam o impacto da carga tributária sobre seu fluxo de caixa.

> **“OBTER LUCRO ENQUANTO SE PAGA OS TRIBUTOS DE FORMA CORRETA E EFICIENTE NÃO É APENAS UMA ASPIRAÇÃO, MAS UMA REALIDADE ACESSÍVEL ÀS EMPRESAS QUE ADOTAM AS MELHORES PRÁTICAS DE COMPLIANCE TRIBUTÁRIO.”**

Seguindo os princípios delineados nesta obra, empresários e gestores terão em mãos as ferramentas necessárias para transformar o cumprimento das obrigações fiscais em um diferencial competitivo, possibilitando que suas empresas prosperem em consonância com a legislação e alcancem o sucesso financeiro de maneira sustentável.

A clareza nos procedimentos, o alinhamento das regras com a jurisprudência atual e o aperfeiçoamento da governança tributária constituem pilares que não apenas reduzem os riscos de passivos fiscais, mas também proporcionam às empresas uma oportunidade valiosa de maximizar a utilização dos créditos de PIS e COFINS.

> **“ASSIM TEMOS UMA REDUÇÃO SIGNIFICATIVA DA CARGA TRIBUTÁRIA, REALIZADA DE FORMA LEGÍTIMA E EM CONFORMIDADE COM A LEGISLAÇÃO VIGENTE.”**

Entretanto, o sucesso nesse processo não é fruto apenas da observância formal das normas. Ele depende de uma abordagem estratégica, bem fundamentada nos princípios da governança tributária. As técnicas desenvolvidas por Celso de Araújo e Agnaldo de Campos e apresentadas neste livro oferecem um caminho seguro para que as empresas não só cumpram suas obrigações fiscais, mas façam isso com inteligência, transformando o complexo cenário tributário em uma oportunidade de ganho competitivo. Essas práticas garantem que o empresário não apenas pague seus impostos corretamente, mas que, ao fazê-lo, construa uma estrutura de compliance robusta e capaz de gerar lucro legítimo.

Em última análise, o verdadeiro mérito não reside apenas em cumprir com as exigências fiscais, mas em fazê-lo de forma eficiente e estratégica. Maximizar o uso de créditos tributários é uma arte que combina conhecimento técnico, rigor contábil e a aplicação prática de uma governança tributária bem estruturada.

O RESULTADO É UM CICLO VIRTUOSO: LUCRO ATRAVÉS DA CONFORMIDADE, EM QUE AS EMPRESAS PODEM OPERAR COM PLENA SEGURANÇA JURÍDICA, MANTER UMA GESTÃO FISCAL SAUDÁVEL E, AO MESMO TEMPO, GARANTIR QUE O PESO DOS TRIBUTOS NÃO INVIABILIZE SEU CRESCIMENTO.

Assim, ao incorporar as técnicas aqui discutidas e ao pautar sua atuação pela conformidade tributária como um valor estratégico, as empresas não apenas cumprirão suas obrigações fiscais com excelência, mas também trilharão um caminho de crescimento inteligente e sustentável, alicerçado no princípio de pagar o justo e prosperar em conformidade com a lei.